Birk Engmann

AF667931

# Man könnte was hören!

## Essays, Erzählungen und Lyrik

Birk Engmann

# Man könnte was hören!

## Essays, Erzählungen und Lyrik

Rediroma-Verlag

Bibliografische Information der Deutschen Nationalbibliothek:
Die Deutsche Nationalbibliothek verzeichnet diese Publikation in der Deutschen Nationalbibliografie; detaillierte bibliografische Daten sind im Internet über http://portal.dnb.de abrufbar.

ISBN 978-3-98885-526-8

Copyright (2024) Rediroma-Verlag

Alle Rechte beim Autor

www.rediroma-verlag.de
8,95 Euro (D)

## Inhaltsverzeichnis

## Leipziger Herbst 2021[1]

Unantastbar
Ist die Würde des Menschen
Und sein Recht
Auf die Straße zu tragen
Den Unmut
Sowie den Mut,
Das ändern zu wollen,
Was die Würde entwürdigt
Und das Recht entrechtet.

Verriegelt die Straße
Von beiden Seiten.
Dazwischen die Verspotteten
Eingezwängt zwischen Häuserfronten
Und Uniformierten.
Sie harren, die Entfremdeten,
Der Erfassung ihrer Daten
Bis in die Abendstunden.
Alte, Junge, Familien mit Kindern.

Alte, Junge, Familien mit Kindern,
Die Verspotteten, die Entfremdeten,
Die nicht die unsrigen sind.

---

[1] Das Gedicht bezieht sich auf Demonstrationen von Kritikern der Coronamaßnahmen im Herbst 2021, bei denen es wiederholt zu Einkesselungen der Demonstranten durch die Polizei kam.

Es trifft ja nicht mich!
Und was geht es mich an?

Doch das heutige Möglichsein
Der noch gestern geglaubten Unmöglichkeit
Ist der Schoß, der schon morgen
Die Gewißheit gebiert:
Der nächste bin ich.
Und das geht uns alle
Bereits heute was an!

## Streusand

Ein alter Mann steht am Straßenrand, fingert sein Mobiltelefon aus der Tasche hervor und tippt kurz darauf herum: viel schneller der Vorgang als das sonst übliche Nachrichtenabrufen oder das Hin- und Herbewegen von Bildern mit dem Zeigefinger auf der Bildschirmoberfläche im Kampf gegen die alltägliche Langeweile, die Wartezeit bis zur Bestellung im Restaurant, das Brutzeln im Strandkorb, die öde Fahrt mit der Bimmelbahn. Doch diese Gerätenutzung hier erstaunt nicht nur ob ihrer Kürze, sie erstaunt auch des Ergebnis‘ wegen: Eine Melodie ertönt, gewaltig, inbrünstig, erhaben. Aber sie strömt nicht aus flachem Gerät, sondern aus einem Säckelchen zu Füßen des Alten, ja genau dort musste ein Lautsprecher verborgen sein. Dann stimmt er in die Melodien ein; das Beben seines Körpers gibt der Stimme Volumen und Kraft. Das ist kein Laiensänger, das kann nur ein Mensch sein, der auf einer Opernbühne groß geworden ist! Zunächst bleiben einzelne Passanten verdutzt stehen. Manche essen Eiskrem, andere halten Einkaufstaschen oder Strandutensilien bereit. Kinder verstummen, lauschen ungekannten Weisen fremder Zunge. Seepromenade unweit der Seebrücke, Kurort an der Rügener Ostsee. Die Strandkörbe voll belegt, Kasse klingelt, besorgte Blicke nach oben, sobald eine Wolke die Sonnenfreude trübt; der Lärm der Düsenjets beunruhigt nicht. Und inmitten dieser Sommerfreuden steht ein alter Mann mit einem Säcklein zu Füßen und singt, und er singt russische Weisen, singt sie auf Russisch!

He, Vitali, so nenn' ich dich jetzt. Wie auch immer du heißt, bist du etwa Russe? Hast du schon den Kotau gemacht, dass du hier singen darfst?

Niemand sagt etwas, mehr und mehr Leute verharren in gebührendem Abstand; Kinder beginnen Münzen in eine umgestülpte Mütze zu werfen, die durch einen großen Feuerstein gegen den Wind gesichert ist. Kinder, die eben noch am Strand Person, die Federschmuck trägt, und Person, die Kühe hütet, gespielt haben. Erst friedlich, dann wollten die einen ihre Sandburg vergrößern, dort, wo die anderen gleichfalls zu buddeln trachteten. Schimpfwörter fielen. Flogen allsbald Steine, vom Meer wohlwissend vorsorglich angespült. Dieser Angriff der federgeschmückten Personen wurde von der Sandburg aus durch die Kühe-hütenden Personen mittels Sandregen abgewehrt. Streusand. Streumunition. Der Streusand ging in des Einen Auge; tränenüberströmt zeihte er den Schleuderer der abgrundtiefsten Gemeinheit. Aber ebenso denjenigen der Kühe-Hütenden, der nur still danebensaß. Habe doch gar nicht mitgeworfen, so der Protest gegen falsche Anschuldigung. Doch hat er nicht beigesessen, nicht zu unterbinden versucht, stattdessen schweigend zugestimmt?

Vertrug man sich schließlich wieder, handelte miteinander Eis aus Sand. Kinder können das; Erwachsene nicht. Aber ahnten sie, dass mancher von ihnen, groß geworden, dereinst für robuste Einsätze, mehr Verantwortung in der Welt, Freiheit und Demokratie und wie die Floskeln alle heißen mögen und für Aktien und Dividenden als Kanonenfutter enden wird?

Schweigend die blinkenden Wellen und träumerisch fern die weiße Stadt mit den Kreidefelsen an der anderen Küste. Die Sandburgen indes zerfallen unter den stoisch nagenden Wellen. Wenngleich fieberhaft immer wieder ausgebessert, hat das Meer doch das letzte Wort.

Vitali, sag mir, wo du stehst! Verrecken deine Söhne im Leopard oder verrecken sie im T-Zweiundsiebzig?

„… aus der Inseln engem Tor jagt auf rotbemalten Schiffen Stenka Rasins Schar hervor“, lässt er sein Lied enden.

Applaus, Münzen klirren, Eis tropft, Waffel zerbricht, Sandburg weggespült, nicht weit von hier von Kugeln zerfetzte Leiber: „Streumunition effektiv im Einsatz“. Schlagzeile deutscher Presse am Strandkiosk.

Vitali, die Fülle deiner melancholischen Lieder macht mich neidisch.

„Ihr Deutschen singt zu wenig.“

Ich schau fragend in sein Gesicht: Hast du was gesagt? Wie auch immer, es stimmt, Vitali, wenn ich daran denke, was die deutschen Kinder in der Schule so lernen. Keine Volkslieder, auch kein Frühlingsgedicht von Uhland, keine Mondnacht von Eichendorff.

Aber was hat es dir genützt?, überlege ich.

Scheinbar um die Antwort verlegen tippt er schweigend wieder kurz auf dem Mobiltelefon, die nächste Melodie erfüllt den Raum der Straße.

Vielleicht, denke ich, dass ihr deswegen solche Schreibwarenläden, wie den gegenüber, nicht kennt. Schau doch! Die unterschiedlichsten Aktenordner, Schuber, diese ganzen Regale Büromaterialien – alles für den Hausgebrauch! Wir Deutschen, wir ordnen nach Schubladen, grenzen ein, grenzen aus, heften ab, legen schnell beiseite, was uns nichts angehen will. Wir sind duldsame Bürger. Und die Streumunition?

Macht Schweigen denn etwa mitschuldig? Kann hier nicht einfach sitzenbleiben, Vitali, deinen Liedern so einlullend zuhören. Muss was tun! Da fällt mir die Fleischerei ein, rechts um die Ecke, südafrikanische Spezialitäten. Mann dunkler Hautfarbe versteht mich nicht: „Hoffnungsschinken“ verlangte ich, „Speck der Hoffnung“, radebreche sogar in

Englisch[2], aber kopfschüttelnd weist er mir den Weg zur Tür. Protestiere, schiebt mich hinaus, reden soll ich mit Vitali. Das wäre mein Vermächtnis als Deutscher.

Und was bekommen Sie?

Nichts? Reden kostet ja nichts.

„Papa, du hörst mal wieder überhaupt nicht, was ich sage!“

„Schinken?“

„Du spinnst Papa! Ich habe dich schon zweimal gefragt, ob wir dem Mann eine Münze geben sollen? Und du hörst mal wieder nicht zu! Typisch Papa.“ Und schon ist die Kleine mit meiner Geldbörse weg.

Kehrt enttäuscht zurück; denn Münzen waren keine drin, nur Kreditkarten und Ausweise.

Vitali schaut zu mir herüber. Antworte doch, schreie ich ihn innerlich an, was hat es dir denn genützt? Du und deine melancholischen Lieder!

„In der Liebe Land, wo der Hass entflieht“, singt nun Vitali. Zärtlich zittert die den meisten Umstehenden unverständige, doch vertraute Sprache durch das Rauschen der Dünung, wollen sie nicht missen, spitzen die Ohren, denn diese Sprache gehört doch auch zu uns. Ein unbewusstes Einvernehmen hält

---

[2] „Speck der Hoffnung“ bezieht sich auf einen weltweit belächelten Fauxpas der deutschen Außenministerin Annalena Baerbock im Juni 2023, als sie auf Englisch bildhaft vom „Leuchtturm der Hoffnung“ sprechen wollte, aber „beacon“ mit „bacon verwechselte.

die Menge zusammen, und da fühle ich plötzlich: Es hat doch genützt! Dein Singen. Im ganz Kleinen zwar, im Anfang, aber wenn aus diesem Anfang etwas Größeres wird, ja vielleicht etwas ganz Großes, ja dann, dann könnten die Menschen wieder ohne Hass zusammenleben. Ja wenn.

Vitali, lass uns reden …

Nur sein Platz ist bereits leer, das Publikum zerstoben, wie ein Regen aus Sandkörnchen. Streusand.

„Papa! Dein Eis tropft. Es ist alles zerlaufen!“ Wir gehen. Gott sei Dank hier und nicht dort.

Anderntags steht ein deutscher Sänger an gleicher Stelle, gut gerüstet mit Mundharmonika und Gitarre. Er singt auf Englisch. Es sind Lieder aus Amerika.

(Sommer 2023)

## Die Krankschreibung

Die Schneereste waren über Nacht zu schmutziggrauen Haufen zusammengeschmolzen, in deren Mitte sich wie die Spitzen eines von der Abendsonne beschienenen Hochgebirges noch leuchtend weiße Gipfel türmten. Die Wege und Pfade, die noch tags zuvor freigeschippt worden waren, ließen als erste den schwarzen Asphalt durchschimmern. Mit einem letzten Aufbäumen kämpften die Schneemassen gegen die sich mit Übermacht ankündende neue Jahreszeit. Schneeflocken, gepeitscht von Regengüssen, die dank des noch frostkühlen Bodens die Wege und Pisten in Rutschbahnen verwandelten, fielen aus den finsteren Wolken. Grau und Weiß bildeten ein in steter Veränderung begriffenes Muster am Firmament; der starke Wind zwang diesem immer wieder eigene Formen auf. Ein mächtiges Grau, welches sich eben noch gewaltig aufgetürmt hatte, um die Landschaft mit Schatten und Kälte zu unterwerfen, zerteilte sich im Nu, wurde von unsichtbarer Kraft in die Länge gezogen, zu einem parallel zum Horizont verlaufenden Streifen, um sobald zerpflückt, zerteilt und vernichtet zu werden. Immer häufiger durchstießen am späten Vormittag Sonnenstrahlen die turbulent wabernde Wolkenmasse, zeichneten helle Flecken in die Landschaft. Das letzte Weiß der Schneehaufen leuchtete, noch im Schmelzen begriffen, grell auf, erheischte noch einmal aller Aufmerksamkeit kurz vorm eigenen Vergehen. So blieb es auch bis zur Dämmerung: die Reste des Winters kämpften mit fanatisch anmutender Verbissenheit.

Andrew hatte die mittlere Etage des dreistöckigen Bettes erhalten. Schlaf kam indes nicht. Drehte er sich sacht im Bett um, ließ zuerst die Beine herunterbaumeln, stützte sich auf und gab sich mit katzenartiger Eleganz einen Ruck, so dass er sanft und leise vor dem Bett landete. Mucksmäuschenstill war es in diesem Schlafsaal, wo jetzt vierzig Mann träumten oder grübelnd wach lagen. Der Kamerad aus der ersten Etage hatte sich jetzt gewunden, der Kopf hing beinahe vom Bettrand herunter, und sein Körper zeichnete sich unter der Bettdecke als Bogen ab. Der Mund stand wieder sperrangelweit offen und erinnerte Andrew an die vor neunzehn Jahren in der Zeitung erschienen Bilder von Soldaten von der Somme, die der Explosionsdruck der Geschosse in die Bäume geschleudert hatte und deren Leichname mit ihren weit aufgerissenen, zerschmetterten Mäulern bogenförmig in den Ästen hingen. Andrew begab sich in die kalte Nacht. Gefrorener Regen glitzerte im Schein der Lampen, ab und zu peitschte der Wind zu Böen auf, die ihm messerscharf ins Gesicht schlugen. Das Atmen bereitete in Nase und Rachen Schmerzen. Er ging an der Holzbaracke entlang, deren graugrüner Anstrich sich mit dem Nebel vermengte, und suchte eine windgeschützte Stelle. Da glomm etwas Rotes auf, verlosch, um kurz darauf wieder deutlicher zu werden. Bald zog ein typischer Zigarettengeruch in Andrews Nase, und er sah, dass sich die Glut in einer Zigarette fortsetzte, die Zigarette in eine Hand überging, die vor einem Gesicht innehielt.

„Bist du neu hier?“, hub Andrew an.

Der andere beeilte sich nicht mit der Antwort, legte den Kopf in den Nacken und stieß genüsslich den Rauch nach oben aus.

„Vor ein paar Tagen gekommen. Frisch eingezogen.“

„Und dann eine Schnellausbildung gemacht, stimmt's?“

„Genau, die Krauts haben zu viele von uns runtergeschossen, sollen jetzt neue Jägertypen haben. Mit `ner Rakete. So wie die Dinger, die sie auf London schießen. Und du?“

Andrew blickte in das Sommersprossen-übersäte und von lockigem Haar eingerahmte Gesicht des Kameraden. Der spärliche Vollbart und die Stirnlocken gaben im fahlen Licht einen rötlichen Schimmer preis; der Kamerad wirkte mit seiner stämmigen, untersetzten Gestalt irgendwie urwüchsig, dazu der schlecht zu verstehende Akzent, der irgendwie schottische Einschläge haben musste.

„Hab morgen Einsatz“, sprach Andrew leise.

„Kippe gefällig?“, der andere und fuhr fort: „Dein erstes Mal?“

„Danke, ja.“

„Ich habe noch Schonfrist, aber nimm es nicht so. Jeder von uns kommt mal an die Reihe."

„Ich krieg kein Auge zu, schon die ganzen Nächte nicht mehr. Ist das normal?"

„Das ist der Einsatzkoller, den haben alle. Ist wie das erste Mal mit `ner Frau. Beim ersten Kuss bist du noch höllisch aufgeregt vor dem, was kommt, und dann", das Gesicht des Kameraden verzog sich zu einem breiten, verschmitzten Grinsen, „wenn du fertig bist, dann ist das nächste Mal schon Routine und du bist nicht mehr so verrückt."

„Großartig. Meine Braut heißt übrigens Miss Lancaster."

„Meine auch. Da werde ich glatt eifersüchtig!" Andrew fröstelte, zog kräftiger an der Zigarette, so dass die Glut wie ein Schnellzug am Glimmstängel entlangraste, während sie zerbröselnde Asche, die der Wind wegtrug, hinter sich ließ. Bald war das Ende erreicht, und Andrew beeilte sich, den Stummel auf dem Boden auszutreten.

„Noch eine? Gute amerikanische Ware."

„Nee, ich versuche jetzt ein bisschen zu pennen. Muss morgen zu meiner Braut." Und Andrew streckte die Hand aus: „Ich bin Andrew."

„William. Und viel Spaß in der Hochzeitsnacht. Berichte mir mal, wie du den Krauts eins auf die Mütze gegeben hast."

„All right."

Schlaf fand Andrew nur für Minuten. Immer wenn er aufwachte, meinte er, eine Ewigkeit überbrückt zu haben. Die Traumszenen erschienen unendlich lang: rußgeschwärzte Fassaden mit ausgestochenen Augenhöhlen, durch die Rauchschwaden schlichen, ein ausgebrannter roter Doppelstockbus und leibhaftige Erinnerungen an Vater, wie er sagte: `Ich bin stolz auf dich`. Dann wieder die Mutter, die weinte, er sei zu jung, um sich zu opfern, gerade jetzt, wo alles schon bald zu Ende ist. Der Blick ins Dämmerlicht des Schlafsaales, der Arm des Kameraden unter ihm, der aus dem Bett hing, der Blick zur Uhr, die nur wenige verstrichene Minuten anzeigte; er wälzte sich hin und her; die Sehnsucht nach Hause spannte sich wie ein Bogen in seinem Brustkorb. Dann dachte er an die anderen Kameraden hier, dasselbe Schicksal erduldend. Und das Flugzeug, das er besteigen sollte, war es nicht eines der modernsten überhaupt? Ja, die großen Verluste der Bomberpiloten gab es doch am Anfang des Krieges, aber jetzt nicht mehr, heißt es? Andrew holte tief Luft. Die innere Unruhe klang etwas ab.

Tags schlug er, wieder festen Schrittes, den Weg zum anderen Ende der Barackensiedlung an, den er schon unzählige Male entlanggelaufen war, Ausschau haltend, um hier und da nichts Besonderes zu entdecken. Die Zeit beeilte sich nicht, und nur langsam rückten die Zeiger seiner Armbanduhr auf den Einsatzzeitpunkt vor, nahmen gleichsam ihre befehlsmäßig verabredeten Stellungen auf dem Zifferblatt ein. Der Zeiger zeigte auf vier post meridiem, wie es hier landesüblich hieß. Endlich! In weniger als einer Stunde steht nun sein erster Einsatz bevor, hier, irgendwo in Südengland Anfang März im letzten Kriegsjahr. Ja, endlich! Das Warten wird bald ein Ende haben, die Anspannung in mechanische Aktivität, das Grübeln in ein Funktionieren übergehen. Und morgen um diese Zeit ist ja schon alles wieder vorbei! So oder so wird das, was kommt, eine Erlösung sein.

Endlich schrillte der Warnton durch die Barackensiedlung am Flugplatz: das befreiende Signal, das das Schicksal herausforderte, alsbald über Leben und Tod zu entscheiden. Leben und Tod da unten in den Städten und Dörfern auf der Erde und Leben und Tod da oben in den Maschinen im Himmel, dem Göttlichen so nah, das aber nicht auffindbar war. Die Mannschaften rannten zum Spind, und noch im Laufschritt dem Flugzeughangar zu warfen sie sich ihre Fliegerjacken mit den typischen Pelzkragen, Schutzkappe und Brille über, so dass in wenigen Minuten Einsatzbereitschaft hergestellt war. Pünktlich siebzehn Uhr hatten alle Besatzungen ihre Plätze in den viermotorigen Bombern eingenommen, und sogleich steuerten sie ihre Maschinen der Startbahn entgegen.

Die ersten Flugstunden verliefen ohne Vorkommnisse; die Märznacht hatte den Himmel tiefschwarz getüncht. Dann tauchten plötzlich sternschnuppenartig aus der Tiefe kommende silberne Pünktchen auf, die ein ganzes Stück unterhalb des Bomberverbandes verpufften. Die leichten Druckwellen spürte Andrew, dessen Sinne aufs äußerste geschärft waren, im ganzen Körper. Endlich wieder Ruhe und offensichtlich keine Verluste. Der Verband mit seiner Verderben bringenden Fracht flog dessen unbeeindruckt und dem irdischen Dasein entrückt durch Raum und Zeit. Das eintönige Brummen der Motoren, das rhythmische Vibrieren der Maschine und der seit Stunden angespannte Blick, der die Nacht akribisch abtastete und dennoch nichts als Leere einfing, ermüdeten Andrew. Die Wirklichkeit wandelte sich in einen Film, dem ein Zuschauer nur noch ungenügende Aufmerksamkeit zollte. Blitzartig gelangten Andrews Sinne zu Messerschärfe, die Augen entsetzt geweitet, der Körper bis zum Brechen gespannt. Denn auf einmal waren sie da: kleine Maschinen von eleganter Wendigkeit surrten gleichsam Mücken, die Beute suchen, durch den Luftraum. Das Surren vermischte sich mit dem kurzen rhythmischen Pulsieren der Mündungsfeuer, welche in der Nacht unzählige Sternchenfeuer zündeten. Ein silvestergleiches Zischen, Wimmeln und Pulsieren – die Ästhetik des Hässlichen. Manche der feindlichen Mücken trugen seltsame Hirschgeweihe, Radarantennen zum Aufspüren der Bombenflugzeuge in der finsteren Nacht. Wie von Geisterhand gesteuert und dem Willen entzogen verkrampfte sich Andrews Hand am Abzug des Gewehres, welches den Himmel wahllos durchlöcherte, um sich der kleinen Plagegeister zu entledigen. In der Ferne sah er aus einem Lancaster Flammen sprühen, und als sich seine eigene Maschine zur Seite neigte, kippte der brennende Bomber nach links unten weg. Andrew hatte jede räumliche Orientierung verloren. War die Nachbarmaschine abgestürzt? Konnten sich die Kameraden vielleicht noch über den Fallschirm retten? Und dann, unten, würden sie als Kriegsgefangene behandelt oder gleich abgeknallt werden? Andrew spürte die extreme Seitenlage seines Körpers, wollte sich gerade der richtigen Koordinaten seiner Körperlage vergewissern, da zog vorbei eine Handbreit nur, nein, das geht technisch nicht, aber es war verdammt nahe, da zog, vielmehr er sah das Antlitz des Piloten eines feindlichen Jägers. Aber was blieb davon später aus der Erinnerung abrufbar? Ein Gesicht, schemenhaft, schattenhaft, unwirklich, nicht zuordenbar, ein entmenschlichtes Wesen, abstrakt und distanziert zugleich. Nur das auf den anderen Piloten gerichtete gleichmäßige Hämmern und Vibrieren seines Maschinengewehres kehrt seitdem immer wieder mit erstaunlicher Frische und Lebendigkeit in sein Gedächtnis zurück. Besonders nachts. Pünktlich, genau zum Zeitpunkt des Angriffs der Messerschmidtjäger auf seinen Bomberverband. Ist es spätere Phantasie, Zutat der falschen Beilage des

Gedächtnisses beim Rekonstruieren der Ereignisse, oder sah er wirklich, wie das Glas des Windschutzaufbaus, hinter dem das Gesicht saß, zersplitterte? Und was kam dann? Leere. Und die zunehmende Gewissheit, dass er, der Medizinstudent Andrew, in diesen Sekunden das erste Mal in seinem Leben einen Menschen bewusst getötet haben musste. Etwas, was ihm allein als bloßer Gedanke daran bislang abscheulich vorgekommen war, und das er jetzt doch hatte tun müssen, um selber am Leben zu bleiben. Sodann erreichte die Lancasterbesatzung ihren Einsatzort in schwindelnder Höh. Weit unten im unendlichen Nichts sah Andrew durch die schüttere Wolkendecke Lichtblitz um Lichtblitz aufzucken, und wie die Sterne in einer warmen Sommernacht flimmerten unzählige kleine Flämmchen am Boden; hier und da hatten sie sich schon zu größeren Streifen, die das Raster der Stadt mit Urgewalt aus dem Boden tilgen sollten, vereinigt. Was er im Moment nicht fühlte, was er nicht sah, was aber als verschüttetes Mitwissen in ihm bohrte: Dort in der Tiefe verbrannten und erstickten Menschen lebendigen Leibes. Gab es eine höhere Pflicht, die das rechtfertigte? Die Pflicht, einen sich mit der Wildheit eines tödlich verletzten Tieres zur Wehr setzenden Gegner, der Millionen Menschenleben auf dem Gewissen hatte, zu vernichten.

„Student bist du also“, murmelte der Truppenarzt vor sich hin. „Ja, der Krieg ist nichts für schwache

Nerven. Da trennt sich die Spreu vom Weizen. Länger als vier Tage kriegst du von mir keine Erholungskur mit Vollverpflegung, während deine Jungs draußen sind."

Andrew nahm die Dienstunfähigkeitsbescheinigung und ein Röhrchen mit Tabletten mit einem leisen „Danke" entgegen, welches der Arzt, der seinen Blick sogleich wieder in die Rillen und Wurmlöcher der hölzernen Schreibtischplatte vergraben hatte, mit einem fast unmerklichen Kopfnicken quittierte. Ein Zettel, der Andrew einige Tage Ruhe verschaffte. Und danach? Doch für diesen Gedanken an ein mögliches Danach war im Moment kein Raum in Andrews Kopf. Er fühlte sich vor allem erleichtert, fröhlich, ja fast euphorisch: dem Grauen erstmal entkommen zu sein. Aber war das gerecht? Ja, am Leben bleiben, sehen, wie der sich schon ankündigende Frühling die Welt mit Düften und Farben umhüllt, die Herzen beschwingt, Mensch und Tier in rastlose Unruhe versetzend, in Tatendrang, in Schaffenskraft. Ist es ein Verbrechen, am Leben bleiben zu wollen?

Der Gang zum Truppenarzt machte im ganzen Lager die Runde. Von da an lauerten ihn Kameraden und Vorgesetzte misstrauisch auf, schnitten ihn bei den Freizeitaktivitäten, verloren kein Wort, wenn er gemeinsam mit ihnen zu den Mahlzeiten am Tisch saß, beschlichen und beobachteten ihn, inwieweit etwa Auffälligkeiten auszumachen seien, die ihn als

Spion überführen könnten. Schlaf- und Beruhigungsmittel schafften es nicht, das Erlebte zu verdrängen und Kraft für neue Einsätze zu tanken. Auf die Minute genau erschien ihm nachts das Bild eines in Armlänge vor ihm schwebenden menschlichen Antlitzes, nicht zuordenbar, allenfalls schemenhaft, welches plötzlich Sprünge und Einschusslöcher bekam, begleitet von einem hämmernden Tock-tock-tock. Hellwach und schweißgebadet schrie Andrew; das konnten und wollten die Kameraden in der Baracke nicht länger hinnehmen. Zur angehenden Stunde schlichen sie leise aus ihren Betten, sahen, wie sich Andrew plötzlich unruhig im Bett hin- und herwälzte, das Gesicht grimassenartig verzerrt. Jetzt musste es normalerweise gleich passieren: das Aufwachen und der Schrei. Doch zum Schrei kam es nicht. Ein Kopfkissen erstickte das geträumte Entsetzen, das aufbegehrende Gewissen, das sich gegen die ihm aufgezwungenen Erlebnisse empörte. Um das Kopfkissen wurde rasch ein Bettlaken gelegt, welches nun zu beiden Seiten des Bettes hinabhing. Daran hängten sich jeweils ein Kamerad, einer rechts, einer links. Die anderen schlugen mit Knüppeln und Stangen auf Andrew ein, schlugen ihn windelweich. Der Lärm alarmierte William, in dieser Nacht Wachhabender, der kurz zur Tür hereinschaute, die dreinschlagende Meute besah und im Bruchteil einer Sekunde entschied, sich ungesehen zurückzuziehen. Die Kameraden, wieder in ihren Betten, schlummerten bald friedlich, ergötzt und befriedigt. Andrew konnte noch ins Militärhospital überführt werden. Er quälte sich einige Tage, erlag dann seinen Verletzungen.

William starb Anfang der neunzehnhundertsechziger Jahre in einem Heim. Nach dem Krieg hatte sich sein Alkoholkonsum ins Unermessliche gesteigert. Mehrere Aufenthalte in Kliniken zur Entzugsbehandlung erfolgten. Doch das Gewissen ließ ihn immer wieder zur Flasche greifen. In lichten Momenten zwischen Delir und Amnesie erzählte er diese Geschichte. Für künftige Generationen, setzte er nachdrücklich hinzu.

(Frühjahr 2024)

## Weil du anders bist

Sei still, red nicht so laut!
Man könnte was hören,
Will es nicht hören,
Darf es nicht hören,
Man darf das nicht zu hören bekommen:
Land im Gleichschritt.
Der alte Bekannte,
Wo mag er jetzt stehn?
Vorsichtig tastend,
Im Schleichgang der Katze
Sich annähernd, verharrend, zögernd,
Dann weiter schreitend,
Sich annähernd, verharrend, zögernd.
Da! Das Wort, das bedenkliche, das auszugrenzende.
Hingeworfen wie Fraß vor das Raubtier.
Forderst du mich heraus, der eine.
Zu weit gegangen, der andere.
Zweifel.
Weil du anders bist?
Da! Der Mut, die Verzweiflung, das Kann-doch-nicht-Sein!
Und das Wort, das bedenkliche, das auszugrenzende?
Befreiend, schafft Einvernehmen, Vertrauen.
Weil du anders bist.
Denn ich, ja ich bin es auch.

(Sommer 2021)

## Osnabrück im Mai 2023

Im Bombenhagel deutschen Größenwahns untergegangene Viertel, monströs aufgeweitet und die Brachen gefüllt mit schäbigen Kästen. Ein Hase mit einem A schlängelt durch die Stadt, als Flüsschen hier und da erlebbar, da und dort in Betonwannen eingepfercht. Doch es gibt sie noch: alte Schönheit. Fassaden in zurückhaltendem niederländischen Barock, eingequetscht zwischen Sichtbeton und Rasterfassade. Dann noch die Insel an Dom und Kreuzgang, im Hintergrund himmelhoch überschattet von übereinandergestapelten Quadratmetern umbauten Wohnraumes, der sich rechnet. Ein Kleinod das Quartier um den Markt und das mitten im neuen Kriege jeglicher Besucher bare Friedenszentrum. All das ist Osnabrück. Erst Schuld behaftete, dann geschundene, dann vergewaltigte Mauern und doch Schönheit und Lebendigkeit mittendrin! Die hierzulande allen Zentren eigene, uniform geratene Einkaufsmeile mit den immergleichen Markenketten aller Innenstädte – über das Erdgeschoß hinaus macht der Blick auf die Fassaden nur depressiv. Ein Bauschild kündet vom Abriss eines grauen, straßengeviertübergreifenden Objektes in einst moderner, horizontal lamellierter Fassade und kündigt an den Neubau grauer Einfallslosigkeit in gegenwärtig moderner vertikaler Lamellierung. Künstlerischer Anspruch, der an parallele Ritzungen auf Mammutknochen der Altsteinzeit anknüpft. Ringsherum nichts als zeitgenössisches Grau, zu dessen Füßen grelle, billige Verlockungen emporwuchern. Und zwischen all diesen erdrückend bunten, von dicker Werbung umrandeten Schaufenstern des ästhetisch belanglos Gebauten das alte Ehepaar: Hand in Hand hektisch flanierend, als wollten sie ausbrechen aus ihrem gelebten, dem Verfall preisgegebenen Sein, das die Gegenwart nicht zu würdigen weiß, nur ersetzen will durch ebengleiche Würdelosigkeit und Kälte, die die Generation nach uns ohne Gewissensbisse zu planieren gewillt sein wird. Da irren sie durch ihre gebaute Stadt, die alte Dame in derber Schminke und silbernen, weit leuchtenden Schuhen, der Herr wankend und schlotternd im teuren Anzug mit gediegener Kopfbedeckung, beide umringt von den aufgedunsenen Leibern der heutigen Fastfoodgeneration und den Smartphonesüchtigen, die im steten Blick auf die Mattscheibe noch nie der übergebauten Stadt gewahr wurden, durch die sie bewegt werden. Die beiden Alten haben kein Ziel, wanken dahin, sogleich dorthin, sich dem Rhythmus des Getümmels um sie herum wie toll geworden entwindend. So bleibt das alte Paar ungelenk umherstolpernd allein, ein Fremdkörper unter allen Vorbeihastenden, die nicht sehen, dass sich hier Gelebtes noch einmal in altem Glanz aufbäumt, Sichtbarkeit heischen will, bevor es in der Belanglosigkeit verschwindet. Denn aus den silbernen Schuhen, aus der extravaganten

Kleidung spricht keine Sendung, keine Mission, kein Tun, nicht die emporstrebenden Gewölbe des Domes, nicht der kontemplative Kreuzgang, nur ein vergänglicher Schein, ein Schein wie unser Land, wie das gähnend menschenleere Friedenszentrum, das gerade jetzt und vor allem jetzt die Sendung, die Mission, das Tun bitter benötigt.

(Juni 2023)

## Aktivisten

Lärmend wurde die Tür verriegelt, nicht einmal mannshoch war sie, doch füllte sie, metallisch spitz klingend, sämtliche der hohen Räume aus. Es war das erste Anheizen in der Früh heute. Ein Mitarbeiter stellte mittels moderner Technik, die erst vor kurzem hier Einzug gehalten hatte, die optimale Brenntemperatur ein. Müde war er, hatte zu viel gesoffen am Abend, der Wiedereinstieg in den Beruf nach drei Monaten Krankschreibung hatte ihm Unruhe bereitet. Und das alles nur wegen des schiefgegangenen Kennenlernens, schiefgelaufen ab dem Zeitpunkt, als er ihr seinen Beruf nannte. Nun hatten sich die Hallen wieder seiner bemächtigt. Den Blick auf Instrumente und gleichzeitig die Dichtheit der Metalltür prüfend, zündete er sich eine Zigarette an. Ihm gegenüber, quasi genau hinter der Metalltür, lag Felix Räder. Er war es, und er war es auch nicht; vielmehr: Es war die Hülle von Felix Räder. Die enorme Hitze gewahr werdend, bäumte sich Felix Räder wie von Geisterhand dirigiert noch einmal auf, sich nach vorne beugend erfaßten seine leblosen Augen die verschlossene Tür. Dann verzehrten ihn die Flammen. Fett spritzte, Fleisch schmorte. Ein Knall – und das Gehirn hatte den Schädel gesprengt. Die letzte Lautäußerung des Felix Räder. Es stank erbärmlich. Weiße Flocken, grau durchmischt, blieben unter dem Rost liegen und wurden im Laufe der nächsten Stunde von dem Mitarbeiter so gut es ging umgefüllt in ein biologisch, im Erdreich abbaubares Gefäß. Dieses Gefäß schließlich umfaßte die Überbleibsel von Felix Räder, sechsundzwanzig Jahre alt, Student der Politikwissenschaft; und dieses Gefäß senkte sich nun an einem strahlenden Frühlingsvormittag in die Erde. Was ist der Mensch?

Nieselregen. Herbst. Zwei Jahre zuvor. „Da hinten kommen die Schweine!“, rief jemand. Unruhe kam in die Menge, es drängte nach vorn, doch da waren schon Polizisten, die sich positionierten, um die Straße abzusperren. Die anderen, einer schwarzen Masse gleich, verkürzten eiligen Schrittes die Distanz. Gesichter waren zu sehen, Gesichter, die laut Verordnung maskiert hätten sein müssen. Allerdings wahrten sie den gebührlichen Abstand; da ihre Versammlung behördlich verboten, ging ein jeder für sich allein spazieren. Die Polizisten rückten zusammen; durchs Megaphon brüllte eine junge Frau etwas von rechten Leugnern und Nazis. Immer wieder dirigierte die junge Frau die Menge, die die ihre zu sein schien, und nur durch die Polizeikette getrennt standen sie sich gegenüber: Menschen mit sichtbaren und Menschen mit meist verhüllten Gesichtern. Anna Schwertner schickte ihre Unbill über die Köpfe der Polizisten hinüber zu den Rechten, den Leugnern, denen, die durch ihre Renitenz schuld sind, dass alle Einschränkungen so lange dauern, dass die

Angst vor einer grassierenden Seuche die Menschen weiter innerlich zerfrisst. Auch Familien mit Kindern standen da drüben, drüben auf der anderen Seite jenseits der Wahrheit. Die Menge, ihre Menge, höchst empört, war kaum zu dirigieren, Masken fielen, den Wutschrei behindernd, und Sicherheitsabstände schmolzen. Doch die Häupter, die Gedanken und der Auftrag der Beamten waren sämtlich nach vorn gerichtet, und in diese Richtung schritten sie, bis die dunkle, unheimliche Flut der Spaziergänger nicht mehr entkommen konnte. Eingekesselt! Stunden harrten sie, auch die Familien mit Kindern, der Erfassung ihrer Daten. Annas Herz bebte triumphierend; wann in den letzten Jahren hatte der Staat jemals so engen Schulterschluss mit ihrem Bündnis gezeigt! Zuvor hatte die Polizei den Barrikadenbau gegen die Nazis stets missbilligt, und der brennenden Müllcontainer und eingeschlagenen Schaufenster wegen allein ihre Bewegung angeschwärzt, doch nun endlich hatte der Feind ein Gesicht, ein sichtbares!

Bis spät in die Nacht wurden Nachrichten verschickt, Presseinformationen erstellt und Filmmitschnitte in die sozialen Medien gestellt. Die Luft in der unsanierten Gründerzeitwohnung war zum Schneiden dick, so dicht das Begängnis. Jeder wollte etwas wissen, etwas erfahren, etwas berichten. Da kam ein frisch gebackener Politikwissenschaftsstudent, bat energisch in der wimmelnden Masse um Aufmerksamkeit, berichtete von seinen Aktivisten, die unter den milde gestimmten Augen der Polizei eine künstlerische Performance rechter Leugner in der Innenstadt gesprengt hätten. Klasse, was? Was für Zeiten! Und was in diesen Zeiten alles möglich ist! Und trotz dieser Zeiten, in denen das Gute gegen das Böse kämpft, die Ziele ehern und erhaben, trotz dieser heroischen Zeiten ging das kleine Zwischenmenschliche nicht unter: Die Blicke von Anna und Felix trafen sich kurz, aber brennend. Insofern medizinische Masken die Mund- und Nasenpartie mehr oder weniger bedeckten, blieb die Augenpartie entscheidendstes Medium nonverbaler Sprache. Und sie, die Augenpartie, zündelte gehörig mit der Phantasie, denn der Blick konnte ja ungestraft wandeln, war doch die Person dahinter schwer auszumachen. Von diesem Zeitpunkt an koordinierten Felix und Anna die Aktivitäten ihrer Aktivisten, und immer da, wo die Feinde der Gesellschaft auftauchten, da kamen sie ihnen zuvor: Sitzblockaden, lärmende Unterbrechung von Ansammlungen, verdächtige Aufkleber aufspüren und entfernen und Irre, die sich nicht an die Regeln hielten, oder Hoteliers, die Leugnern trotz Verbots Unterkunft boten, anzeigen. Es blieb da keine Zeit fürs Politikstudium; die Hörsäle waren sowieso dicht, das Studium war die Straße.

Anna war eine moderne Frau, die der herkömmlichen Partnerfindung nicht viel abgewinnen konnte:

zu warten, bis einer anbiss. Stattdessen war die Brünette mit dem Pferdeschwanz gern selbst aktiv; was sie wollte, das nahm sie sich. Und sie wollte Felix. Ein Mann ihrer Wellenlänge, das Herz auf der richtigen Seite, konsequent im Tun, klar in seinen Gedanken: rechts – links, böse – gut. Basta! Endlich kam die nächste Aktion, und nicht nur die Spannung der politischen Arbeit, auch das Wiedersehen mit Felix beflügelten sie. Diesmal ging es nicht gegen Leugner, sondern einen Kabarettisten, der, so hatte es einer gehört, einen rassistischen Spruch auf der Bühne losgelassen hatte. Mit der modernen Mobiltelefontechnik war ein schlagkräftiger Trupp binnen Stunden vor dem Gebäude organisiert, die Presse informiert und die Sprechchöre, die die ganze Einrichtung der Nähe zu den Nazis zeihten, rasch in die sozialen Netzwerke gestellt. Name und Konterfei des beschuldigten Künstlers wurden in Sekundenschnelle bundesweit bekannt. Der betrank sich an jenem Abend und wurde bei einem Autounfall schwer verletzt – eine Randnotiz der Tageszeitung, dann verschwand er aus dem Gesichtsfeld. Anna kamen Zweifel an der Spontanität und Überstürztheit, suchte das Gespräch mit Felix, der, entgegen ihrer Erwartung, sowohl in Wort als auch körperlicher Haltung auf Distanz blieb. Mit rechten Schweinen gebe es kein Pardon, so Felix, und selbst wenn der Wortlaut auf der Bühne so nicht stimmte, ein wahrer Kern ist doch anzunehmen. Sie sei doch keine Versteherin dieser Leute, oder? Da zerriss etwas in Annas Herz, sie fühlte sich durchbohrt von seinem stechenden Blick aus diesen glasklaren Augen, die keine Zwischentöne kannten, Augen, in die sich zu verlieben sie gerade im Begriff gewesen war. Sein entschlossener Blick entsprang einem kantigen, glatten Gesicht. Wenngleich sich wenig später die völlige Harmlosigkeit des Bühnenauftrittes herausstellte, rechtfertigte das Bündnis in der Öffentlichkeit sein Tun, man habe sicherheitshalber, man habe vorbeugend gehandelt. Es könne nie schaden, eventuellen Rassisten vorab deutlich zu machen, wo der Hammer hängt.

„Kannst du kurz mal runterschauen? Da will dich einer sprechen." Mit diesen Worten platzte eine Bekannte Annas in das provisorische Büro im unsanierten Gründerzeithaus. Anna steckte derweil kopfüber in Arbeit; eine deutschlandweite Großdemo musste geplant werden.

„Soll hochkommen", murmelte sie, kurz von ihrem Bildschirm aufschauend.

„Geht nicht. Ähm, der kann nicht."

„Wieso?"

„Sitzt im Rolli."

Anna stolperte gedankenversunken die alte Holztreppe hinab, der Anstrich hatte sich in der Mitte längst abgelaufen. Fünf Generationen dieser Stadt hatten ihn abgeschabt. In Freud und Leid waren die Menschen herauf- und herabgestiegen, zur Schule wie zur Beerdigung gegangen, frohgemute Gäste stiegen empor zur Familienfeier, angsterfüllte Gesichter hetzten gen Keller, als die Luftschutzsirenen jaulten. Und später stiegen einige der Bewohner montagabends, durch den Türspion wiederum beobachtet von anderen, eilend hinab, um mit abertausend anderen in den Ruf nach Meinungsfreiheit einzustimmen. Abgeschabter Lack – das war von alledem übriggeblieben. Was ist der Mensch? Durch farbenfrohe Bleiglasornamente der Treppenhausfenster schickte die sinkende Abendsonne buntes Licht, das auf dem Holz der Treppenabsätze eigenwillige Ornamente schuf. Anna sah das alles nur beiläufig. Dann blieb ihr das erschrockene Was-wollen-Sie? auf halben Wege jäh in der Kehle stecken, denn just in diesem Moment hatte sie den Mann, der sich im Rollstuhl im Hinterhof aufhielt, erkannt. Nicht dass sie ihn wirklich, also persönlich kannte; er glich nur erschreckend dem Zeitungsfoto, dem Foto aus dem Bericht über den Kabarettmitarbeiter.

„Ich möchte mit Ihnen sprechen“, hub er an, doch Anna wandte sich ab. „Keine Zeit“, sprach sie mit erstickender Stimme, ihm längst den Rücken zugekehrt. Vergeblich rollte der Mann noch Richtung Eingangstür, da war Anna, die Treppe hinaufstürzend, bereits mit dem dunklen Schlund des Hauses eins geworden. Tränen in den Augen stieß sie auf dem Flur mit Felix zusammen.

„Dieses dreiste Schwein“, vernahm sie ihn, während er sie umarmte, und seine Lippen suchten die ihrigen. Doch Anna fühlte eine innere Spannung, die sie fast zerriss, machte sich los aus seiner immer stärker werdenden Umklammerung, rannte hinunter zum Treppenhausfenster auf halber Höhe. Hoffentlich steht der nicht noch unten, schoss es ihr wie ein Blitz durch den Kopf. Der Blick aus dem Fenster beruhigte; der Hof war Gott sei Dank leer. Die Sonne stand nun hinter dem Horizont, die Farbigkeit der Bleiglasscheiben war inzwischen in einen gräulich-fahlen Ton übergegangen. Dann kehrte sie um, ihrem improvisierten Büroraum entgegen. Felix‘ Gesicht hatte sich versteinert; wie Eis glänzten seine Augen, wie damals. Sie strahlten nichts als Hass aus – gegen sie, gegen den Mann im Rollstuhl, gegen alles. So richtige Freunde hatte Felix noch nie gehabt, auch nicht in der Schule. Eher war er ein Eigenbrötler, und jetzt war es Anna, ein Mensch, der ihm das erste Mal ein Gefährte und Seelenverwandter war. Wie groß war da die Enttäuschung, dass sie nicht nur seine Zuneigung zurückwies, sondern auch die Dinge nicht so sah, wie er sie gewöhnlich zu betrachten geruhte. Während Anna wieder am Computer saß, wandte sich Felix ab. Längst waren ihre Gedanken beim Tagesgeschäft, der großen Demonstration gegen den anstehenden Prozess gegen vier Aktivisten, die einen Abgeordneten zusammengeschlagen hatten. Aber war der nicht ein Nazi gewesen? Plötzlich meldete sich ihr Mobiltelefon mit einem Tonsignal; eine elektronische Nachricht war eingegangen: „Wenn du mich nicht liebst, bringe ich mich um. Ich weiß, ich kann nicht mit dir sein, aber ich kann auch nicht ohne dich leben." Nein, so geht das nicht, dachte Anna empört. Felix, du kannst mich hier nicht erpressen! Ich will frei entscheiden, mit welchem Menschen ich zusammen leben möchte. Hatte sie nicht heute ihr Treffen mit der neuen Internetbekanntschaft? Das wollte sie sich unter keinen Umständen vermasseln lassen. Anna antwortete nicht.

Dann, am Abend im Café, stand er endlich vor ihr: ein richtiger Mann, ein kräftiger Kerl wie aus dem Walde, dunkel gekleidet, mit Vollbart, einer dicken Stahlkette um den Hals und schwarzen Ohrringen. Ein völlig anderer Typ als dieser glatt rasierte, hagere, kantige und immer in Gedanken versunkene Felix, dessen Rede stets Feuer war, die jeden anderen Einwand verzehrte, wie graue Asche nichts anderes als seine Sicht der Dinge übrigließ. Und jetzt ein Mann, der anpackt, an den sie sich anlehnen kann. Da erzählte er schon hingebungsvoll, wie er seine Freizeit mit Computerspielen verbringt. Gerade das neue Spiel „Fight of the heroes" – hatte sie davon schon gehört? Voll cool eh, sag` ich dir. Man hat so viele

Möglichkeiten, andere Identitäten einzunehmen, könne sich den Gegner beliebig aussuchen. Wichtig ist nur, dass man so viele von den anderen so schnell wie möglich erledigt. Ja, er habe schon mehrere Stufen dieses Spiels geschafft.

„Das ist ja voll cool, eh“, schmunzelte Anna, und beide lachten herzhaft. Und Freunde? Ja, mit denen tausche er sich regelmäßig darüber aus, im Netz versteht sich, sind schon eine richtige Community, hätte einen super Bildschirm mit geiler Akustik, da ist alles wie echt, auch die Freunde. Annas Lächeln wurde zusehends krampfhafter, und als er dann noch über seine Arbeit auf dem Friedhof plauderte, von einem Totenschädel, beim Aushub alter Gräber gefunden und teuer an einen Medizinstudenten verscherbelt, da fiel ihr plötzlich Felix‘ letzte Nachricht wieder ein. Der Typ mit dem Holzfällergesicht war noch mitten im Sprechen, da stand sie lachend auf, Entschuldigung!, sie müsse ganz plötzlich los, hätte was vergessen, melde mich, war nett mit dir. Verdutzt blieb der Friedhofsangestellte alleine am Tisch sitzen.

Völlig außer Atem erreichte Anna die Wohngemeinschaft, in welcher der Student Felix Räder lebte. Alle Mitbewohner waren an diesem Abend ausgeflogen, die blaue Stunde hatte heute jeden in die Cafés und Gaststätten gelockt. Die Wohnungstür zur WG war zum Glück nicht verschlossen. Anna stürmte durch die gesamte Etage, natürlich zuerst in Felix‘ Zimmer, das leer war, dann in alle anderen, in die Küche, ins Bad – niemand da. Ein siebter Sinn hieß sie den kleinen Abstellraum, die Besenkammer, kontrollieren. Und da saß er, der Felix, blutverschmiert die Hände und Unterarme, vor sich hinwimmernd – ein aufgelöstes trauriges Bündel Mensch. Sie gewahrend, gewann er sofort an Haltung, wischte sich das Gesicht mit dem blutigen Ärmel ab, wobei nun die roten Tupfen seinem Antlitz etwas Groteskes verliehen, wusch sich kommentarlos die Hände, um das verklebte Blut abzubekommen, versorgte eilig die Wunden mit Pflaster und Mullbinde aus der Hausapotheke, sagte immer noch nichts und verließ schließlich das Haus.

Kurz darauf machte sich das Mobiltelefon bemerkbar, und Anna las folgende Botschaft: „Du bist zu mir zurückgekommen. Küss mich, sonst will ich nicht mehr atmen." Anna ließ die Tür ins Schloss fallen, Stufe um Stufe die Treppe hinuntergehend fühlte sie, wie ihr Schädel bei jedem Absatz brummte. Am Hauseingang erwartete sie niemand anderes als Felix. Er sah ihre feuchten Augen. Sie hatte also geweint. Also um ihn, ja seinetwegen hatte sie geweint, nur wegen ihm! Wie fühlte er sich da stolz und stark, genauso wenn er sie sonst politisch der Unbildung zeihte, ihre Argumente zerlegte, sie manchmal beschimpfte. Genauso gut ging es ihm jetzt! Schlaff sank sie in seine demonstrativ ausgebreiteten, zielstrebigen Arme, sie erwiderte sogar seinen Kuss, schwach, aber sie tat es. Oh, wie stark war er, wie geliebt wurde er! Unter einem Vorwand machte sie sich los, stürmte nach Hause. Er ließ sie ziehen.

Den Kerl mit dem Holzfällergesicht hätte Anna beinahe vergessen. Unentschlossen, wie es weitergehen könnte, entschied sie sich, erstmal mehrere Tage nicht auf seine Fragen zu reagieren. Schließlich löschte sie den Kontakt kommentarlos aus ihrem Internetprofil.

Der Nachmittag begann vielversprechend. Hunderte waren auf den Beinen, taten ihren Unmut gegen den Prozess der Aktivisten lauthals kund. Anna Schwertner radelte pochenden Herzens durch die verwinkelten, holprigen Straßen der Stadt. Es gab nichts mehr im Büro zu tun. Alles war organisiert, alles nahm jetzt seinen Lauf. Von fern hörte sie die Sirenen der Polizeiautos; je deutlicher diese vernehmbar waren, desto aufgeregter, desto schneller trat Anna in die Pedalen. Die Straßen füllten sich mit Menschen, Schaulustigen vielleicht, aber auch schwarzen Gestalten, die ihr Gesicht bedeckt hatten, manche gewitzt mit medizinischen Masken, die aber heute gar nicht mehr vorgeschrieben waren. Schlugen so den Kameras der Polizei ein Schnippchen. Feuerwerkskörper krachten. Rauch stieg auf. Müllcontainer brannten, Plastik verschmolz übelriechend zu seinem kleinen See, der den Bürgersteig hässlich verklebte. Leere Glasflaschen – der einstige Inhalt eines der Container – staken in dieser Masse verbrannten Kunststoffes, bildeten gleichsam eine abstrakte Skulptur. Diejenigen Menschen, die den Ort des Geschehens verließen, wurden immer mehr. Dann der Anruf. Räder dran. Du, Felix? Hier Anna. Lage eskaliert, die Demo geht ab jetzt dort und dort weiter. Als Anna am neuen Ort eintraf, einem der alten gründerzeitlichen Stadtplätze, hatte sie Mühe, ihre Gefährten zu erreichen. Denn nur knapp huschte sie zwischen einer sich gerade schließenden Polizeikette hindurch. Dann war der Platz abgeriegelt, umstellt. Nichts ahnend kämpfte sie sich durch die Menschenmenge und stand unerwartet vor Felix, dessen Gesicht völlig zerschrunden war. Hatte gestern Aufkleber in den Straßen verteilt, deren Botschaft einer Gruppe Jugendlicher missfallen war. Die eingeschlossene Menge waberte wie angeschwemmter Tang auf unruhiger See. Zeit verging, die ersten wollten die Zusammenkunft verlassen, dann verstanden sie es zusehends: Es war unmöglich, dem Ort zu entweichen. Die Uniformierten informierten Frau Schwertner, die als federführende Organisatorin der im Vorfeld nicht genehmigten Versammlung auftrat, über die notwendige Feststellung der Personalien aller hier Versammelten. Stunden vergingen, Stunden der Kälte, Stunden der Unruhe, des Hungers, des Durstes, der Notdurft. „Elende Schweine“, brüllte jemand. Da sah Anna, wie Felix die erhobene Hand zur Faust ballte.

„Das hast du schon damals gerufen!“, herrschte sie ihn an.

Felix verschlug es die Sprache, gerade ihm, der immer ein Argument auf den Lippen hatte.

„Ja, aber“, hub er an, doch Anna unterbrach ihn barsch: „Ja, aber, das waren die anderen. Oder?“

Felix schwieg.

„Ist dir nie ein Zweifel gekommen, Felix?“

Wie ein niedergestreckter Boxer sich mit letztem Mut aufbäumend, schrie er ihr ins Gesicht: „Du Leugnerin! Du arbeitest für die anderen! Ich habe dich durchschaut! Ich wusste es schon immer!“

Tränen in den Augen hielt sie dennoch den eisigen Strahlen, die seine Augen entsendeten, stand. Da sank er auf die Knie. Umarmte ihre Beine. Riss sich hoch und schleuderte ihr „Ich hasse dich“ ins Gesicht. Lief gleich weg, verschwand in der Menge. Den Platz verlassen konnte er aber nicht, auch er harrte der Feststellung seiner Personalien.

Zurück von der Polizeistation spätabends erreichte sie ein Anruf aus dem Büro. Man hatte Felix bewusstlos aufgefunden. Der Notarzt konnte nur noch seinen Tod feststellen.

Anderntags berichtete die Lokalzeitung, es hätte vereinzelte Zwischenfälle gegeben. Barrikaden brannten, ein Streifenwagen der Polizei wurde mit Böllern angegriffen, fünfzehn Polizistinnen und Polizisten wurden verletzt, zwei davon schwer. Größere Ausschreitungen seien aber ausgeblieben.

Die Urne wurde auf einem Rollwagen zur Grabstätte gebracht. Dahinter die Trauergemeinde. Ein Kerl mit einem Bart wie ein Holzfäller schob das mit schwarzem Samt ausgelegte Gefährt. Anna Schwertner sah durch ihn hindurch, und auch der Kerl machte keinerlei Anzeichen, sie erkannt zu haben. Als die Urne mit Felix' Asche in die Erde sank, fühlte Anna eine große Leere, zeitgleich aber ein flaues Gefühl im Magen, das sie bereits kannte, wenn Veränderung, wenn Neues anstand. Und sie fühlte, dass mit Felix' Tod etwas abgeschlossen war, aber in diesem Abschluss ganz fern und zart ein Neubeginn keimte. Anna war zuletzt auf der Versammlung der Ortsgruppe ihrer Partei aufgetreten, sie sprach vom Dialog, der einst von dieser Stadt ausging, wie ihr ihre Eltern berichtet hatten, und kritisierte die enorme militärische Aufrüstung des Landes. Kaum ausgesprochen folgten Buhrufe, und Pfiffe gellten durch den Saal. Der Versuch einer Diskussion ging im Lärm unter: Sie gebrauche die Argumente einer extremistischen Partei und begebe sich in die gefährliche Nähe eines Diktators. Ihr Verhalten sei in der letzten Zeit überhaupt sehr auffällig; vor allem sorgten ihre umstrittenen Äußerungen immer wieder für Kopfschütteln. Ein Parteiausschlussverfahren war anberaumt worden.

Die letzte Erde bedeckte den Ort, an dem die Urne versunken war. Felix war zum Ursprung allen Seins zurückgekehrt. Die Trauergemeinde zerstreute sich. Anna ging die alte Kastanienallee entlang, deren Knospen sich zum frühlingshaften Aufbruch anschickten. Sie spürte sich einer ungeheuren Last ledig. Dass sie jetzt noch traurig war, konnte man so nicht behaupten.

(Frühjahr 2024)

## Grüße vom Baggersee

Was schaut der Mann vor mir nur immer auf sein Mobiltelefon? Ein kurzer Blick, dann legt er es sofort wieder weg, um wenige Minuten später erneut nachzuschauen. Ich wollte eigentlich meinen Roman weiterlesen, den aus der Stadtbibliothek. Die Leihfrist der dritten Verlängerung endet nach dem Urlaub. Dann ist Schluss! Ach, Schluss. Was ist mir da wieder für ein Wort eingefallen! Wenn nur Schluss wäre mit all dem endlich! Die Wellen haben sich aufgeschaukelt. Wie alles ringsum auch. Kinder, kaum im Bademantel getrocknet, stürmen bereits wieder über den feinen Sand hinweg geradewegs in die Wellenkämme. Ihre Köpfe verschwinden in der Gischt, ihr Kreischen übertönt die Brandung. Hat sich zurückgelehnt, der Herr im Strandkorb nebenan. Beuge mich vor. Aha! Hat schon wieder das Gerät in der Hand. Ertappt! Will wohl etwas verbergen? Die Brandung donnert immer noch. Ungewöhnlich. So einfach aus dem Nichts. Hoffentlich kommen sie nicht wieder. Wie gestern Nacht. Die Gedanken. Hat das Telefon wieder weggelegt. Hoffentlich hat er mich nicht bemerkt. Die Brandung ist abgeklungen, ohne dass der Wind anders geworden wäre. Verstehe ich nicht. Da liegt doch förmlich was in der Luft! Was hatte mir Thomas gleich geschrieben? Er bekam die Meldung per Post. Immerhin per Post. Da kann man noch in Ruhe lesen, hat dann noch genügend Zeit zum Vorbereiten. Was für ein Albtraum! Nanu, schaute der Mann nicht gerade zu mir herüber? Beuge mich langsam vor. Ist wieder mit dem Mobiltelefon beschäftigt. Plötzlich sieht er auf. Unsere Blicke treffen sich. Ich fühle mich ertappt. Wenn ich mich jetzt einfach so zurücklehne, denkt er, ich hätte ihn ausspioniert. Ich muss so tun, als wollte ich gerade aufstehen, um, ja um was, ja um am besten ins Wasser zu gehen. Ja was denn sonst? Hier am Strand! Ob inzwischen auch so ein Brief bei mir zu Hause eingetroffen ist? Und ob Thomas heute noch bei den Seinen weilt? Wenn aber nun die Frist nur ganz kurz ist, was dann? Ich bin im Urlaub, das ist doch was ganz Normales. Aber was ist heute schon normal? Bin doch noch weit unter fünfzig. Da erwarten die einfach, dass ich mich bereithalte. Wie konnte der nur in den Urlaub fahren, werden die denken. Ob dem eine Strafe folgt, Fahnenflucht man mir etwa nachsagt? Ich gehe zum Ufer. Wieder haben die Wellen, aber nicht der Wind, aufgefrischt. Komisch. Da steckt wer dahinter! Drehe mich kurz um, erhasche seitlich im Blick den Nachbarstrandkorb. Er ist leer! Drehe mich ganz um; niemand zu sehen, nur Kinder, mir quasi zu Füßen, die ihre Sandburgen ausbessern, welche die weiter als gewöhnlich ins Ufer hineinreichenden Wellen annagen. Soll ich zurückgehen? Ach, Thomas, bist du schon im Graben? Da hinten: Was schiebt der Mann da so vor sich her? Halbnackt ist er, aber das ist sicher nur Tarnung.

Schwingt er nicht eine Glocke in der Hand? Und wie von fern gesteuert, strömen die Leute zu ihm hin. Wie ein Blitz durchzuckt es mich: Feldgendarmerie! Habe so was mal in einem Buch gesehen. Erinnere mich genau. Thomas, bist du noch am Leben? Der Halbnackte mit dem Wagen kommt stetig näher. Wie angewurzelt bleibe ich stehen. Zurück zum Strandkorb trockenen Körpers wäre auffällig, jetzt schnell ins Wasser zu stürzen, nicht minder. Kommt immer näher, ganz, ganz langsam. Ja, so machen die das! Möglichst unauffällig wollen die bleiben. Verstehe ich. Keine Panik unter der Bevölkerung. Die soll bei der Stange bleiben. Wieder ein Stück näher! Wie's jüngst in der Zeitung stand: Holen die Männer direkt von der Baustelle weg. Dann gleich zur Front. Meldest du dich aber freiwillig, hast du noch eine Gnadenfrist; dein Testament kannst du schreiben. Mensch, Thomas! Liegst zerfetzten Leibes du irgendwo in fernem Land? Der Strandkorb ist wieder besetzt. Hält das Mobiltelefon auf mich gerichtet. Es läutet! Der Mann mit dem Wagen ist plötzlich auch da. Jetzt haben sie mich! Kein Entrinnen! Doch dann das: Läuten verhallt, Mann zieht weiter. Kinder schlecken Eis. Stürze im Bademantel ins Hotel. Telefon an. Neue Kurznachricht: Viele Grüße vom Baggersee. Thomas und Familie.

(Juli 2024)

## Gedanken zu einem Graffiti

Der Zug schleicht mit der üblichen Verspätung in den Hauptbahnhof ein. Ein Zweckbau aus den Jahren nach dem Kriege, kalt wie eine Fabrikhalle. Die Einkaufszone im Kopf des Bahnhofes ist nicht zugänglich, hier arbeiten hinter Planen und Sichtschutzhüllen hunderte Bauarbeiter. Sie werkeln an einem neuen Bahnhofsgebäude, das zugleich das Aushängeschild der Stadt werden soll. Eine großformatige Architektenzeichnung am Ende des Querbahnsteiges zeigt himmelwärts strebende Glasfassaden, die eine Kubatur aus Glasfassaden ergeben, deren in sich geschachtelte Glasfassaden die Modernität von Glasfassaden bestätigen. Armes München! Aber wer will schon etwas gegen die Moderne sagen? Das Alte, noch ein wenig im Seitenflügel spürbar, wohl denkmalgeschützt, ist klassisch gebaut: Sockel, natursteingerahmte tiefe Fenster, Gesims. Mitnichten stammt der Seitenanbau aus einer wirklich klassischen Zeit, also der hohen Zeit der Aufklärung, sondern einer finsteren, deren Potentat sich mit dem Rückgriff auf das wohlgefällige Erbe die Rechtfertigung für seine Herrschaft herleiten wollte. Nun der Glaskasten. Wäre er nicht so großformatig, stattdessen etwa auf Zeitungspapier gedruckt, ich hätte ihn zum Einwickeln benutzt. Was die Münchner einst damit anfangen werden – ich weiß es nicht.

Ich hatte die Stadt bislang zweimal erlebt. Das erste Mal ist dreißig Jahre zurück. Im Februar. Sauber herausgeputzt, mit wohlhabenden, gefällig anzusehenden Leuten, deren Lautäußerungen ruppig und hart klangen, aber freundlich gesinnt waren. Der Überhang der noch guten alten Bundesrepublik.

Beim zweiten Mal ist wieder Winterende, Zeit der Veränderung. In welche Richtung sie geht, ist unklar. Es blüht uns bald was, das wenigstens ist gewiss. Überall Polizei und Menschengedränge in den Straßen – eine große Konferenz findet statt. Ich passiere die Obdachlosen an den seitlichen Bahnhofsausgängen, begebe mich für die Stunde meines geplanten Aufenthaltes in die Straßen, um möglichst tief ins Zentrum vorzustoßen. Die schmale Gasse zum Stachus leerstehend. Die großen Kaufhäuser sämtlich verödet. Bauzäune versprechen Abriss und moderne Architektur: Glas. Armes München. Polizeisirenen huschen über den lichterblinkenden Asphalt, und Menschenmassen schieben sich durch das Karlstor. Vornehme Eleganz mischt sich mit der typischen Saloppheit des Massentourismus. Wortfetzen schwirren umher, international und wohl süddeutsch, aber die raue, klobige Sprache von früher – die ist einem gaumenweichen Näseln gewichen. Wieder Baustellen. Die Stadt wird nie fertig. War sie überhaupt einmal vollendet? Und wann? Vor dem großen Krieg, bis dieser sie mit Bomben überzog?

So suggerieren es die Schwarzweißfotopostkarten und Bildbände der Bücherläden. Oder doch die Stadt nach dem Biedermeier mit dem erst halben Rathausbau? Zu jeder Zeit erhebt das Urbane Anspruch auf Fertigkeit, und das in Projekten festgeschrieben Unbebaute wird zu einem Teil ihrer Existenz. Aufgebrochen wird diese Zeitkapsel vom Andersgebauten und vom Zerstörten.

Eine lange Fassade in der steinverkleideten Nüchternheit der Nachkriegsarchitektur trägt ein Korsett. Dahinter gähnende Leere. Gleich über mehrere Grundstücke und Fassadenteile erstreckt sich die Baugrube. Wozu der Erhalt dieser dünnen Wand? Hat man Angst, wenn der Moderne freie Hand gelassen, dass sie mit der ihr innenwohnenden Arroganz des Anachronismus Unerwartetes gebiert, etwa Glas? Nichts als Glas in einer der romantischen Seitengassen, abgelöst von einem Hochparkhaus.

Ich fliehe in Sankt Michael, komme dort auch nicht zur Ruhe. Wenngleich das riesige Gewölbe den Blick ins Unendliche leiten will, bleiben die Gedanken bei den Schautafeln im Eingangsbereich hängen. Bombenschäden sind darauf abgebildet. Die aus dem großen Krieg. Von dem mit Sockel, steinernen Fensterrahmen und Gesims. Die waren schlimm, die Zerstörungen der Häuser, noch schlimmer die der Menschen. Stolz noch heute die Kunde von der raschen Reparatur in Zeiten des Mangels. Und just in dem Moment des Gewahrwerdens der Lektüre an den Tafeln brennt der Krieg in Europa.

Nebenan, einen Steinwurf vom Altar entfernt ... Das heißt, wenn die Chorfenster wie damals zersplittert wären, dann gelänge der Steinwurf tatsächlich und würde über zwei Häuserreihen hinweg die Rückseite der noblen Herberge treffen, in der sich Vertreter aus vielerlei Nationen unter der Ägide der führenden versammelt haben, um den Krieg anzuheizen. Und Ihr da drinnen unter Eurem Renaissancegewölbe habt nichts anderes zu vermelden, als die Reparatur eines Deckenschadens vor siebzig Jahren? Eure Glaubensbrüder sprechen von „Zeit für Waffen", deuteln an Jesu Lehre, um den künftigen Waffengang unserer Kinder und Enkel zu bahnen! Aber Ihr schweigt dazu?

Mich zieht es sofort wieder hinaus in die Straßen, wieder allerorten Polizei, will fragen, ob man eine Gegendemonstration, eine für den Frieden, erwarte. Ich frage nicht und biege – die Uhr mahnt zum Rückweg –, kaum den Rathausplatz eingesehen, die Frauenkirche passiert, nach vielen Schritten in die breite Ringstraße ein. Und da sind sie: Fettbeleibte schwarze Limousinen, frech quer über den Fußweg geparkt, hektisch beäugt von Sicherheitskräften. Sicherheitskonferenz. Kreischend farbige Leuchtreklamen sind jetzt angeschaltet, der bunte Verkehr schiebt sich lauthals durch die Straßen – doch München schweigt. Mein Schritt eilt; seitlich nähere ich mich dem Stachus und sehe sie liegen: Bettler über Bettler in ihren Schlafsäcken. Gab es sie auch vor dreißig Jahren, als ich hier war? Hatte ich sie übersehen? Oder wollte ich sie damals nicht sehen?

Nun ein drittes Mal nähere ich mich der Stadt. Das war vor wenigen Tagen. Ich bin quasi auf der Durchreise von hier nach da. Im Zug blicke ich nachdenklich aus dem Fenster. Nicht weit vom Kopfbahnhof springt mir ein Graffiti ins Auge: Peace, Frieden, hat da jemand mit übergroßen Buchstaben geschrieben. Ein Stein fällt mir vom Herzen. München schweigt nicht.

(August 2024)

## Nagelmanns Lesung

„Herr, Frau oder divers? Bitte vergessen Sie nicht anzukreuzen, sonst nimmt der Computer das Formular nicht an", lächelt die Dame von der Rezeption. Spät ist es bereits, als Carsten Nagelmann das Hotel erreicht. Weit abgelegen von der nächsten Bahnstation, versäumte er zunächst den Anschlusszug zur zwanzig Kilometer entfernten Kleinstadt, daraufhin den Bus zum nahegelegenen Dorf. Der Rest des Weges bis zum abgelegenen Gutshaus zu Fuß. In diesem Haus gedenkt er für einige Tage zu logieren, und wenngleich der Verkaufserlös die Hotelkosten niemals eintreiben würde, ist die Reise zu weit und die Umgebung zu schön, um nicht hier eine Zeitlang zu verweilen.

Das Publikum wartet geduldig und gelassen ob der halbstündigen Verspätung des Beginns der Veranstaltung, versorgte sich inzwischen mit diversen Getränken und war zum Zeitvertreib in den weitläufigen Gartenanlagen verstreut. Hastig stürzt Nagelmann auf sein Zimmer, erfrischt sich kurz, um sogleich den kleinen Raum, Gartensalon genannt, aufzusuchen, sein jüngst erschienenes Buch in der Hand. Beim Beobachten des sich langsam sammelnden Auditoriums, das entspannt aus den verschiedensten Winkeln des Gartens hineinbummelt, empfindet er, nicht nur das Gutshaus, sondern selbst dessen Gäste scheinen in einer Art Zeitkapsel dem Wandel der Welt getrotzt zu haben. Niemand folgt dem legeren Kleidungsstil der Zeit aus Jogginghose und Kapuzenpullover, und die Körper, soweit einsehbar, zieren keinerlei durch die Haut gestochene Ringe oder Tätowierungen. Allein die Kraftfahrzeuge, so konnte er eiligen Schrittes auf dem Wege von seiner Unterkunft im Seitengebäude zum Haupthaus noch wahrnehmen, sind die gängigen, aufgeplusterten Elektromodelle, nur ganz wenige noch mit Kennzeichnungen eines hybriden Antriebssystems. Manche ziert ein Werbeaufkleber für der indischen Kultur entlehnte Entspannungsübungen. Der Autor fühlt sich hier dennoch fremd. Den schick in Naturfarben, Leinen und Hanffasern Gekleideten fehlt nämlich die stringente Akkuratesse seines hageren Erscheinungsbildes, die zuvörderst in dem stets streng gekämmten Scheitel seines dunklen Haupthaares und zudem in seinem stets klassisch orientierten Kleidungsstil zum Ausdruck kommt, ein Erscheinungsbild, welchem gelegentlich durch schlaksigausfahrende Armbewegungen, die seinen hintergründigen, spitz zulaufenden Humor begleiten, ein wenig kabarettistische Lockerheit hinzugefügt wird.

Der Gartensalon ist bis auf den letzten Platz besetzt. Nicht nur das, einige Zuhörer haben sogar lässig auf dem Parkettfußboden platzgenommen. Die Aufregung und das mit jeder Lesung milder werdende

Trockenheitsgefühl im Hals verschwinden bei Carsten Nagelmann dank der aufgeschlossenen Blicke um ihn herum just in dem Moment, als er zu den eröffnenden Worten ansetzt, wie stets etwas über seinen eigentlichen Beruf bei der Versicherung plaudernd und hinauslaufend auf ein gelungenes Wortspiel den Umsitzenden versichert, hier nichts zu versichern, ihnen aber zu versichern, mit Sicherheit gemeinsam einen netten Abend zu verleben. Heiterkeit stimmt auf die erste Kurzgeschichte ein. Diese ist leicht, ein warmer Sommerwind, welcher wie ein Hauch von Seidentuch über die Gemüter streichelt. Die Reihenfolge hatte Nagelmann mit Bedacht so festgelegt. Ein beiderseitiges Einstimmen, ein Warmwerden mit einem freundlich-zurückhaltenden Publikum. Nur eine junge Dame will Näheres wissen, verlangt das Absurde: die Interpretation des Gesagten durch den Autor selbst, ja sogar, ob persönliche Erlebnisse ihn zu dieser oder jener Aussage bewogen hätten. Er verneint, sie hakt nach, er leugnet, doch sie stößt auf einen Punkt zu, eine Wunde in seinem Leben, die ihn erröten lässt. Die eben gewonnene Sicherheit ist vorbei. Die Zeit sei fortgeschritten, er wolle, ja müsse nun leider schon zur nächsten, der weitaus längeren Erzählung überleiten. Wird sogleich gewahr, dass die Tür des Gartensalons mittlerweile offen steht. Einige Besucher haben den Raum verlassen. War seine Kunst ihnen nicht gut genug? Den Betuchten, denen, die sich ein exquisites, charmantes

Hotel leisten konnten, die hier vielleicht die Bestsellerautoren aus dem Fernsehen erwarteten, nicht ihn, der ohne Gage zugesagt, auf den kleinen Obolus in der herumzureichenden Metallvase und denjenigen aus den heute Abend verkauften Exemplaren – mit der einmaligen Gelegenheit zu Widmung und Signatur des Autors – spekuliert? Und auf noch etwas sinnt er: das Weitersagen seines Namens in den elitären Kreisen der Herkunftsorte seiner Zuhörer. Schwer ist es, berühmt zu werden, noch schwerer sein Auskommen ausschließlich mittels künstlerischer Betätigung zu gewinnen. Beunruhigt schaut er sich im Salon um. Die verbliebenen Gäste schwatzen auf den Sofas. Aber auch der Stuhl der jungen Dame, die ihn so hartnäckig an die Kandare genommen hatte, ist leer. Kein gutes Omen.

Doch dann die Erleichterung. Im Nebenzimmer steht eine kleine Bar, die Wein und Bier ausschenkt. Hier füllen die Gäste ihre Vorräte für die nächste Etappe wieder auf, und hier leuchtet auch das wellig-mattblonde, eigenwillig unfrisierte Haar derjenigen Dame, welche den leeren Stuhl hinterließ, mitten in dem düsteren, von olivgrünen Tapeten und grauen Vorhängen altmodisch dekorierten Raum, der das fahle Licht der im Hochsommer spät einsetzenden Abenddämmerung eingefangen hatte. Unwillkürlich treffen sich ihre Blicke, und der verhinderte Literat spürt, wie auf das Blitzen der Augen das fühlbare Rollen des Donners in seiner Brust folgt.

Die nächste Geschichte soll der Höhepunkt der Lesung sein. Sie nimmt den breitesten Raum ein und, nachdem er, den wieder aufgefüllten Gartensalon gewahr werdend, entgegen aller vorherigen Zweifel das Publikum ihm zugeneigt fühlt, lässt er endlich, wie man landläufig sagt, die Katze aus dem Sack. Die ganze gesellschaftliche Unbill, die politischen Verwerfungen, die Regierung, die sich immer mehr von ihren Bürgen entfremdet – all das hatte er in eine Erzählung gepackt, kraftvoll, energisch, direkt in die Wunde fassend. Er weiß, dass so etwas zu schreiben heutzutage nicht ganz unproblematisch ist. Wie oft waren Schriftsteller deswegen in der Presse angefeindet worden oder – noch schlimmer – dem Verschwiegen-Werden anheimgefallen, und schon mancher Verlag hatte sich des öffentlichen Druckes wegen von seinem Autor getrennt. Aber um wie viel freier ist doch er, macht zwar aus seiner Meinung nie einen Hehl, selbst auf Arbeit, hat aber den Beruf von der Kunst in seinem Leben geschieden.

Wie ein unwirklicher Film läuft das Geschehen vor seinen Augen ab. Er liest offensichtlich, er liest sogar laut, mit kräftiger Stimme und guter Betonung, sieht verschwommen das ihm nahe ungeschminkte, sommersprossige Gesicht, aber seinem Geist hatte sich die Auseinandersetzung aufgezwungen zwischen der Selbstverständlichkeit, alles sagen zu dürfen, und dem Wissen, dass niemand im Lande, auch er nicht, diese Selbstverständlichkeit in den letzten Jahren mehr ohne Konsequenzen einfordern konnte. Sie haben viel zu tun, die sogenannten Meldestellen in der Öffentlichkeit. Und auf Arbeit meidet man sie: die Kollegen, die per Gesetz zum Erfassen firmenschädigenden Verhaltens außerhalb des Dienstweges berufen waren. Eine weit auslegbare Angelegenheit. Das alles arbeitet wie Zahnräder in seinem Kopf. Es sind sich widerstrebende Zahnräder entgegengesetzter Kräfte, die jegliche Lösung seiner Gedankenarbeit von vornherein blockieren.

Die Sommersprossige hatte kurz zu ihm aufgesehen; wieder fühlt er, wie ein Einschlafender von einem lauten Geräusch erschrocken, den Stich aus klaren, graugrünen Augen, der bei ihm körperlich wurde. Die auslösenden Worte kann er nicht festmachen, im Textfluss war der Höhepunkt längst überschritten, und die Geschichte läuft auf das Ende hinaus.

Stille. Geschafft. Nagelmann fühlt nun eine ungeheure Anspannung im gesamten Körper und zittert innerlich der ersten Frage entgegen. Die Souveränität der Antwort auf die erstgestellte Frage entscheidet stets über den weiteren Verlauf. Aber es kommt keine Frage. Überhaupt keine! Das gab es früher nie. Das Publikum ergreift stattdessen vorsichtig die Getränkegläser nach anständigem Applaus und höflichem Sitzenbleiben, um das die eben gesprochenen Worte umrahmende Schweigen nicht zu vernichten.

Der Erste erhebt sich dann leise, und wie auf Kommando strebt das Publikum erneut der Bar im Nebenraum zu.

Die dritte und letzte Geschichte ist als Decrescendo gedacht; genau wie die erste die Energie im Raum ansteigen lassen wollte, sollte diese nun das Angestaute langsam ablassen. Das Schmunzeln der Geschichte lässt die zuvor ratlosen, doch maskenartig freundlichen Gesichter wieder einen heiteren Blick aufsetzen. Applaus. Letzte Worte. Hinweis auf die Möglichkeit, Bücher signieren zu lassen, leider heute nur eine begrenzte Anzahl. Nicht vergessen: die Metallvase für den kleinen Obolus. Rasch leert sich der Raum, die Bücher unberührt, der Inhalt der Büchse reicht gerade für ein Abendessen in einem mäßigen Restaurant.

Der Frühstücksraum hat mit seinen marmornen Pilastern und der Kassettendecke aus Eichenholz über ein Jahrhundert hinweg sein würdiges Antlitz bewahrt. Dass man eben nicht saniert, nicht modernisiert, erweist sich oft als lohnendere Investition, als etwa das von vielen toten Seelen erzählende Parkett durch Auslegeware, die edlen neugierigen Wände durch grauen Putz zu verunstalten oder der erhabenen allwissenden Decke eine weitaus niedrigere, weil heizkostengünstigere, aus Styroporplatten vorzublenden.

Da war er wieder, der erregende Blick aus graugrünen Augen! Sie waren schön, diese Augen, und Carsten Nagelmann muss sich eingestehen, diese ganz aus der Nähe betrachten zu wollen. Und als wäre dieser Wunsch durch Zauber in Kraft verwandelt worden, nähert sich die Dame zielstrebig seinem Tisch.

„Darf ich mich zu Ihnen setzen?“ So beginnt ein Gespräch über die Frühstückszeit hinweg, das auf der Gartenterrasse weitergeführt wurde. Ob er nicht Bedenken hätte, seine Prosa könnte Menschen beleidigen? Nein doch, vielleicht ja, wolle aber auch nichts Belangloses schreiben. Seien manche Stellen nicht rassistisch zu werten? Um Himmels willen, wolle dem Volk nur aufs Maul schauen. Mache er sich Sorgen, dass der Text in der Öffentlichkeit anders als gewollt aufgefasst werde, oder wolle er wirklich, dass der Text genau für das gehalten wird, was er vordergründig aussagt?

Blitz folgt auf Blitz aus diesen Augen, Stich auf Stich durchbohrt sein Innerstes, aber es ist ihm unmöglich, sich diesem Menschen zu entziehen. Denn neben dem psychischen Schmerz sieht er die beruhigend angenehme Silhouette ihrer nackten Schultern, die sich in einer grazilen, sommerlich dezent verhüllten Landschaft fortsetzt. Schmerz und Begehren vermischen sich und lassen ihn zunehmend seine Antworten verhaspeln, bis er selbst einwilligt, seine Ansichten seien dumm, vorschnell gefällt und hätten eine Überarbeitung nötig. Urplötzlich erhebt sie sich, äußert, sie meinte das ja gar nicht, nur, er solle in diesen Zeiten besser auf sich aufpassen. Lächelt sie noch wissend und steigt die granitene Freitreppe zum Haupthaus hinauf.

Über die letzten Worte grübelt Nagelmann lange über seiner leeren Kaffeetasse nach. Ein Windhauch weht Wortfetzen vom Nachbartisch zu ihm herüber. Man getraue sich das ja kaum noch zu sagen, wenn man für den Frieden sei, so eine ältere Dame.

„Richtig", ruft er laut zu ihr hinüber, „zehn Jahre dauert dieses Schlachten im Osten schon an." Hatten nicht jüngst unsere Verbündeten eine große Parade im polnisch gewordenen Królewiec abgehalten und unsere Helden von der Litauenbrigade, wie die Zeitung schrieb, einen Kranz am Grabmal Kants neben dem Dom abgelegt? Die Mittsechzigerin schaut ihn entsetzt an. Ein beklemmendes Gefühl beschleicht Nagelmann, und er denkt augenblicklich an die Meldestellen, anfangs von regierungsnahen Organisationen nur in den Großstädten errichtet, die es inzwischen in jeder kleineren Stadt gibt. Selbst von hier, dem Gutshof inmitten des Pappelhains, nur ein Katzensprung.

Sollte er die Verwalterin des Hotels bitten, einen Aushang zu genehmigen? Wollte das gestrige Publikum noch einmal einladen, Gesprochenes geraderücken, Unausgesprochenes erklären. Die Verwalterin ist angeblich nicht zu sprechen. Gerade jetzt! Es ist dieselbe Frau von der Rezeption wie gestern, die ihm dies mitteilt. Die Frau, die ihn so süffisant auf den Geschlechtseintrag im Formular hingewiesen hatte. Warum lächelt sie jetzt wieder?

Beim Hinausgehen stößt er im Vorraum auf einen auf einem Tischchen liegenden offenen Klemmordner, der eine Unterschriftenliste bereithält. Zahlreiche Leute, wahrscheinlich sämtlich die Hotelgäste, haben hier ihre Signaturen hinterlassen. Eine Petition gegen einen Regierungsbeschluss. Mutig, denkt Nagelmann, sind doch Adresse und eigenhändige Unterschrift ein im Ernstfall nicht zu verneinendes Dokument oppositioneller Haltung.

Und sichtlich erleichtert steigt er im Hof auf sein Leihfahrrad, das ihn ans nahegelegene Meer trägt. Der Weg dorthin führt über einen schmalen, holprigen Pfad. Die wiederholten Regengüsse des Frühjahrs und Sommers haben Myriaden von Nacktschnecken ins Land geschickt. Ebenso zahlreich lagern sie auf dem den Fahrrädern vorbehaltenen Wege. Die Gummimäntel der Reifen zerspritzen ohne Mitgefühl ihre Leiber. Innereien entleeren sich schwallartig aus den Hinterteilen, leere, leblose, zerquetschte Hüllen hinterlassend. Die Schnecken haben keinen Begriff von Fahrrädern und der damit verbundenen Gefahr. Weit weg scheint aus ihrer Perspektive noch der dunkle Reifen. In dem Moment, wo er bemerkt, ist es bereits zu spät. Und doch, das stellt Carsten Nagelmann auf dem Rückweg fest, locken die Toten unzählige weitere Verwandte an, die sich genüsslich an den Leibesresten laben. Ungleich mehr Opfer erfordert nun die erneute Wirkmächtigkeit der vorwärtsstrebenden Reifen. Es trifft allerdings nicht jedes der Tiere, und dieses Nicht-Wissen-Können, wen und wann der Schicksalsschlag trifft, beruhigt, hilft den Alltag unter dem Ausblenden der Gefahren meistern und den Genüssen des Lebens, wie billig sie auch daherkommen, zusprechen zu können.

Carsten Nagelmann fährt früher als geplant vom Meeresstrand zurück ins Hotel. Die Ursache ist ganz natürlich. Er verspürt Hunger. Die Gaststätten und Imbissbuden im Badeort weigern sich bis heute beharrlich, Kartenzahlungen zu leisten, wenngleich die größeren Nennwerte des einstigen Bargeldes und sämtliche Scheine ab den Zehnern längst eingezogen sind und somit das Bezahlen nur noch mit den Münzen und kleinen Scheinen möglich ist. Es versteht sich von selbst, dass damit nur kleine Beträge transferiert werden können. Selbst ein mehrgängiges Restaurantessen ist angesichts der gekletterten, inflationsbedingten Zahlenwerte schwerlich in Münzen zu bezahlen. Aber hier in diesem Badeort an der Küste hält man an der vermeintlich guten alten Zeit fest, gönnt sich womöglich einen Zuverdienst jenseits der Steuererklärung, denn wie umständlich es sich auch gestaltet, der Bankkarte bleibt man dennoch fern! Nur hatte Nagelmann seine Münzen verbraucht, sodass er den Bankautomaten in der Ortsmitte aufzusuchen gezwungen war. Die Überraschung war dann eine große: Karte ungültig, zeigte die elektronische Anzeige des Automaten an. Kopfschüttelnd wegen der schlechten Unterhaltung der Technik verließ er die Bankfiliale – es ist die einzige im Ort.

Im Hotel angekommen verlangt er, die Rechnung zu bezahlen, denn morgen würde sein dreitägiger Aufenthalt wie geplant enden. Karte ungültig, vermeldet das Kartenlesegerät an der Rezeption. Wieder ist es die Frau vom ersten Tag, die auch gestern schon ihren Dienst tat.

„Das kann doch nicht sein! Die Karte ist relativ neu und hat bis jetzt immer funktioniert!“, deklamiert Nagelmann. Schulterzuckend blickt ihn die Frau von der Rezeption an:

„Ich spreche mit der Verwalterin, vielleicht können Sie den Betrag von zu Hause überweisen. Sie sind ja hier kein Unbekannter mehr.“

Was meint sie wohl damit?

Aber das geht ja alles gar nicht, nicht wegen der Verwalterin, vielmehr wegen der Bahnfahrkarte, für die braucht er einen Automaten und diesem verlangt es nur nach Kreditkarten. Denn selbst die Buchung über die Internetseite, die seine Bankdaten speichert, gelingt nicht: ungültige Bankverbindung. Wird vielleicht morgen alles besser sein?

Zum Abendessen hatte er sich unglücklicherweise nur die Tagessuppe im Voraus bestellt, immerhin mit Gemüse aus eigenem Anbau der hoteleigenen Gärtnereien. Hungrig vom ausgefallenen Mittag findet er sie dünn und blickt auf die schlanke Gestalt der Sommersprossigen, die sich ohne zu fragen an seinen Tisch setzt. Drüben am Nachbartisch nimmt ein riesiger Kerl platz. Dunkle lockige Haare umkränzen seinen Kopf; anderntags sind sie zu einem kurzen Pferdeschwanz zusammengebunden. Der Ökoriese, tauft ihn Nagelmann im Stillen. Bald gesellt sich ein kleiner Junge im Vorschulalter hinzu, danach ein altes Pärchen. Offenbar Söhnchen und Großeltern. Vom Familiengericht genehmigter Wochendurlaub, geht es Nagelmann spöttisch durch den Kopf. Geistig abwesend, entschwindet ihm die Anwesenheit seiner netten Tischbegleiterin.

„Sie schleppen was mit sich rum?"

Nagelmann kehrt augenblicklich ins Hier und Jetzt zurück.

„Übrigens, kannst Carsten zu mir sagen." Und er erzählt von dem verlorenen Umgangsrecht, den einsamen Abenden, an denen er sich in die Arbeit stürzt, mit Hilfe der anregenden Wirkung des Weines durchaus produktiv, doch umso weniger erfolgreich auf dem Markt. Bis die zwei langen Wochen um sind und er sich auf das kurze Wochenende mit seinem Kind freut. Dann wieder die Schwere im Kopf und das Früherwachen, die Hast und Unruhe, die die Zeit totschlagen sollen. Aber die Zeit bleibt immer Sieger.

Der Speiseraum leert sich; der Riese, der Junge und die Großeltern bekommen zuletzt noch Besuch. Eine attraktive Frau mit einem ganz kleinen Mädchen gesellt sich zu ihnen – die Mutter und Ehefrau mit dem Geschwisterkind. Alles in Ordnung. Immer bei den anderen, auf der anderen Seite, wo auch das Geld keine Rolle mehr spielt.

„Gott scheißt immer auf den größten Haufen“, murmelt Carsten, und Jessika, so hieß die Sommersprossige, kann sich eines lauten Auflachens, das die Blicke aller übrigen Gäste auf sie zieht, nicht enthalten. Beide beschließen nach einigen Gläsern Wein an der Bar, ihr Gespräch im Zimmer fortzusetzen, verübelt doch nach deren Schließung ein heftiger Regenguss den Aufenthalt auf der Terrasse.

„Wenn alles schief geht“, meint Jessika beim Aufbruch, „fahre ich dich morgen in die Kreisstadt. Die Bank hat offen, und dort kannst du dein Geldproblem klären. Ich bin nämlich mit dem Auto hier.“

„Ruf lieber mal in Berlin an“, frotzelt Carsten, „die sollen endlich den Regen verbieten!“

Das erste Versprechen hält Jessika ein, auch wenn der Abend dann anders als erwartet verläuft.

Schuld ist der Regen. Allein der Regen! Der will nämlich nicht nur nicht aufhören, sondern hat sogar an Intensität zugenommen. Dem schirmlosen Spurt durch den Park zu Carstens Zimmer im Seitengebäude sind recht deutliche Nässespuren auf beider Kleidung zu verdanken. Insbesondere das in Mitleidenschaft gezogene dünne Leinenkleid, das Jessica heute trägt, verschafft Carsten lange nicht mehr gewohnte Durchblicke an delikaten Stellen, die in erhebliche Konzentrationsschwierigkeiten münden. Krampfhaft bemüht er sich, während des Gespräches Blickkontakt zu halten, bis er mit stoischer Regelmäßigkeit immer wieder aufschreckt und dann seine Augen in den tieferen Regionen Jessicas wiederfindet, was dieser aber gar nicht so unangenehm scheint. Seine Selbstbeherrschung und kühl gewahrte Distanz erschüttern nach wenigen Augenblicken, bekommen Risse und brechen schlussendlich zusammen, genau wie im Zeitraffer desjenigen Filmchens betrachtet, welches vor nicht allzulanger Zeit in den Netzwerken lief: das monumentale Marmordenkmal mit dem Bronzesoldaten und dem Kind obenauf, das in einem hauptstädtischen Park zwar an den fürchterlichen Krieg vor hundert Jahren erinnerte, aber aufgrund seiner die freiheitlich-demokratische Grundordnung gefährdenden Aussage im Vorjahr gesprengt worden war. Und genauso stürzt der Carsten nicht nur in sich zusammen, sondern vor allem um und demzufolge auf – Jessica, die er mit Küssen bedeckt. Sich gerade dem gewöhnlichen Ziel aller heterosexuellen männlichen Strebungen nähernd, stößt ihn Jessica plötzlich von sich.

„Ich weiß nicht, ob wir zusammenpassen", stammelt sie. Sie sei sich unsicher, ob eine Beziehung halten könne. Sie lebe erst wenige Jahre in Hamburg, um mit Mitte Dreißig noch einmal zu studieren. Wohnte zuvor im Südosten Portugals und danach kurz auf Malta, dort ihr seelisches Gleichgewicht, ihre Mitte wiederzufinden, und sie wüsste nicht genau, ob sie vielleicht nicht dahin wieder zurückkehren würde oder vielleicht sollte, und ...

Da unterbricht sie keuchend Carsten, das sei doch jetzt gar nicht relevant.

„Nicht relevant, sagst du? Was soll das heißen?"

„Ich meine, wir können doch trotzdem unseren Spaß haben."

„Du willst wohl nur Sex?"

„Aber nein ... Ja aber, warum nicht?"

Das Kleid ruckartig über ihre nackten Brüste geschoben, flieht sie aus dem Zimmer, die Tür fällt geräuschvoll ins Schloss.

Gott scheißt immer auf den größten Haufen, denkt Carsten Nagelmann und verbringt daraufhin eine schlaflose Nacht.

Die Kartenzahlung wird auch am Folgetage durch irgendetwas Unbekanntes vereitelt. Er erbittet sich, noch eine Nacht länger zu bleiben, was möglich ist, aber nur eine, die darauffolgende ist leider schon für eine Neuanreise reserviert. Wie gesagt, Jessica hält sich trotz der verpatzten Nacht an ihr Versprechen, und beide erreichen nach einer halben Stunde Fahrzeit die große Kreisstadt. Die Fahrt geht an einer wunderbaren Bucht vorbei, die zum Baden einlädt, aber für solche Gedanken gibt es jetzt keinen Raum. Die Fahrt geht schließlich an endlos erscheinenden Würfel- und Quaderfassaden, grau, weiß, manchmal bunt, vorbei – Gewerbegebieten, die lediglich verkaufen, was ganz woanders erdacht und hergestellt wird. Aber auch für solche Gedanken gibt es keinen Raum, nicht für die schöne Gründerzeitvorstadt, nicht für die herrlichen Handelshäuser und nicht für die mächtigen Backsteinkirchen der einstigen Hansestadt. Auf dem Markt, nicht weit von der kupferbedeckten, jahrhundertealten Wasserkunst entfernt, erhebt sich endlich das Bankgebäude. Neun Uhr, er ist der erste drinnen. Am Schalter nimmt man kühl sein Begehr entgegen. Ja, die Karte sei gesperrt worden, aber nicht von der Bank.

„Von wem denn dann?“, bohrt Nagelmann weiter.

Er solle dies bei der Polizei erfragen.

„Gibt es solche Fälle häufiger?“ Dazu dürfe sie nichts sagen, meint die Bankangestellte. Höchst erstaunt lässt sich Jessica auf dem Trittstein der Wasserkunst alles berichten. Doch dann:

„Carsten, ich fahr nach Hause. Das ist mir alles zu komisch mit dir.“

Was denn los sei? Sie habe aus Neugier gerade eben bei seiner Versicherung angerufen:

„Sie sagten mir, du würdest gar nicht mehr dort arbeiten.“

„Was?“, brüllt, die Contenance völlig verloren, Carsten auf dem Marktplatz, „was ist denn hier los?“ Und weil sein Mobiltelefon ebenfalls nicht mehr arbeitet, da die automatische Geldaufladefunktion durch die Kontosperrung blockiert ist, bittet er Jessica um ihr Gerät, erreicht sogar seine Vorgesetzte, seine ehemalige Vorgesetzte.

„Johanna, was geht hier vor?“

„Lass uns bitte wieder siezen“, hört er sie leise sprechen. „Du bist, ich meine Sie sind schon länger aufgefallen, auch in der Firma durch deine politische Haltung. Das ist mit der Außenwirkung unseres Unternehmens nicht vereinbar.“

„Aber wer hat denn, und wann denn …?“

„Tut mir leid, Carsten, Herr Nagelmann, tut mir leid.“ Noch mehrmals brüllt er ins Telefon hinein, aber das Gespräch ist nicht mehr.

Vierhundert Kilometer weiter südlich lehnt sich Johanna Wackernagel, Dienststellenleiterin der Versicherungsfiliale, erschöpft in ihrem Bürosessel zurück. „Gott sei Dank“, stöhnt sie leise, „ich dachte schon, der war auf mich angesetzt mit seinen provokativen Äußerungen. Wie oft hatte ich mich bei ihm verquatscht!"

Jessica reißt Carsten erbost das Telefon aus der Hand. Es sei aus, sie glaube ihm rein gar nichts mehr. Er sei ein Aufschneider, der wohl jemanden sucht, ihn auszuhalten, nur seinen Spaß wolle. Und da steht er mit einem Male allein auf dem Marktplatz der alten Stadt, erinnert sich der Empfehlung der Bankangestellten und fragt nach der Polizeistation. Doch die ist verschlossen, die Scheiben blind.

„Bist 'n büschn mucksch heute?"

Ein Penner im Eingangstor des Hauses hat ihn angesprochen.

Was mit der Polizei los sei, fragt, die Worte des Obdachlosen nicht begriffen, Nagelmann zurück.

„Sachse, was?"

„Nu gloor! Aber, Spaß beiseite, wo sitzt hier in der Stadt die Polizei?"

„Die sitzt, die Polente."

„Die sitzt?"

„War nicht linientreu genug. Wurde dichtgemacht."

„Und wo ist die nächste?"

„Dreißig Kilometer weg. In der Landeshauptstadt." Was solle er denn tun, wie soll er dahinkommen? Der Bettler versteht nicht recht. Hat andere Sorgen.

„Dat löpt sich allens torecht!" Und dreht sich in seinem vor Dreck starrenden Schlafsack um.

Der Hunger zwickt in Nagelmanns Magengegend. Das Hotelfrühstück, vegan versteht sich, hielt nicht solange vor, wie die in der Heimat gewohnte erzgebirgische Schlachteplatte. Und von der Schlachteplatte ausgehend wandern seine Gedanken augenblicklich zum Neinerlaa, das seine Oma immer in der Weihnachtszeit zubereitet hatte. Wie sie damals am Esstisch meckerten über die politischen Zustände, und dann das erste Weihnachten, als jeder seine Meinung unbeschadet hinausposaunte. Daran erinnert sich Nagelmann immerhin noch unscharf, da war er ja noch ganz klein. Aber solche Zeiten hat es wohl früher tatsächlich gegeben!

Das letzte Bargeld reicht nicht mehr für den Döner Kebab; der bärtige Mann mit dem Holzfällergesicht hinter der Theke des Verkaufswagens drückt grummelnd ein Auge zu. Nagelmann verspricht bald wiederzukommen und den Rest zu bezahlen.

Was nun, Nagelmann? Das Essen restlos und gierig verputzt, die Börse leer, stumm das Telefon, die Freundin weg. Zwanzig Kilometer sind es zum Hotel. Jetzt ist es halb zwölf. Gegen fünf könntest du zu Fuß im Hotel sein. Aber dann?

Wer hat mich angeschwärzt?, sinniert Nagelmann auf dem langen Fußmarsch durch die sanft hügelige Gegend. Zuerst denkt er an Jessica. Zwanghaft sieht er ihre kleinen nackten Brüste vor sich. Aber nein, die war es sicher nicht, die ist nur ein bisschen seltsam. Aber dennoch unangepasst: Sie fährt ein aus der Zeit gefallenes Auto mit Hybridantrieb!

An der schönen Badebucht, die er jetzt entlangläuft, spielen Kinder unter der noch hochstehenden, heißen Sonne Hasche miteinander. Der eine versteckt sich schlecht, sein Hinterteil lugt ungeschickt hinter dem eiszeitlichen Felsen hervor. Die Meute stürzt sich gleich auf ihn. Ertappt! Wie harmlos wirkt so ein Kinderspiel gegen die Sorgen des Erwachsenseins! Und doch gibt es unter jedweden Umständen so etwas wie eine gewisse Normalität. Ein Ausblenden, ein Sich-Einrichten. Das hatte Nagelmann versäumt. Und jetzt waren die Nöte des unfreiwilligen Wanderers für niemanden an den Stränden, für niemanden in den Dörfern und für niemanden in den Badeorten, die Nagelmann alle passierte, wahrnehmbar.

Die Rezeptionistin!, hält er überraschend inne. Guckte mich doch so komisch an, wies mich auf den Geschlechtseintrag hin, als ob das wichtig wäre. Aber vielleicht ist es das? Auch für die Existenz des Hotels? Der Verdacht zerstob so schnell, wie er gekommen war. Nagelmann erinnert sich der Petitionsliste, die im Foyer auslag. Nein, er kann sich einfach keinen Reim auf die Umstände machen.

Gegen fünf erreicht er die Verbindungsstraße vom Nachbardorf zur Küste. Das Hotel liegt mittig in den Feldern gegenüber. Müde geworden, vermeidet er den Umweg über die noch einmal zwei Kilometer lange Eichenallee und schlägt den direkten Weg über das durch den gestrigen Regenguss noch aufgeweichte Feld ein. Seine Schuhe saugen gierig Wasser und Schlamm auf, und die Hosenbeine verwandeln sich in triefende Schlammröhren.

Auf dem Parkplatz stehen keine Autos mehr. Die Ladesteckdosen recken Röhrenaalen gleich ihre langen Hälse aus dem pommerschen Sand. Nanu, waren die Gäste bei dem schönen Wetter wirklich alle zum Baden im Meer hinausgefahren? Nicht eine Seele hat sich heute in die sonst so beliebten Gartenanlagen verirrt, und das Haupthaus ist sogar völlig zugeschlossen, obwohl gewöhnlich zu dieser Zeit mit dem Auftragen des Abendessens begonnen wird. Nagelmann hatte heute früh unsinnigerweise den Zimmerschlüssel an der Rezeption abgegeben, und die ist törichterweise im Haupthaus beheimatet.

Eine gefühlte halbe Stunde irrt Nagelmann durch die Anlagen. Keine Menschenseele! Da hinten! Ein Geräusch! Wie eine quietschende Tür. Nagelmann nimmt die Beine sprichwörtlich unter die Arme und saust ohne Rücksicht auf die Wegeführung durch den Garten. Da sieht er schon einen Mann an dem Schuppen für die Leihfahrräder.

„Was machen Sie denn hier?“, staunt der Gärtner, der nicht allein Gärtner, sondern als Mädchen für alles, was auf dem Gut anfällt, fungiert.

Nagelmann hebt an, ausführlich seine Geschichte zu erzählen, aber der Gärtner unterbricht ihn barsch. Er solle sich heute noch aus dem Staub machen. Die Polizei sei hier gewesen.

Wegen ihm? Das wisse er nicht. Nur wurden heute unmittelbar nach dem Frühstück alle Gäste nach Hause geschickt und das Hotel gleich versiegelt. Er, Nagelmann, mache sich verdächtig, wenn er sich weiterhin hier aufhalte.

Wo er denn die Nacht zubringen solle?

„Gehen Sie! Nein, warten Sie einen Augenblick.“ Der Gärtner verschwindet beim Schuppen um die Ecke und zaubert einen Kanten Brot hervor. Das im Gutshaus Selbstgebackene, das vom Frühstücksbuffet. Wie weit war diese heile Welt jetzt entfernt! Nur wenige Stunden liegen dazwischen. Zum Brot überreicht der Gärtner noch eine Sellerie und zwei Möhren.

Am seitlichen Hang – der Gutshof liegt ja auf einem Hügel – schläft Nagelmann recht gut gesättigt auf einer naturbelassenen Wiese zwischen falschen Kamillen, Schafgarbe und Sauerampfer ein. Mitternächtlich weckt ihn ein eiskalter Graupelschauer. Unwetterwarnung!, hätte ihn vorab sein Telefon sicherlich treuherzig gewarnt. Doch das war in der Zwischenzeit völlig funktionslos geworden. Dann muss ihn irgendwann gegen Vier der Schlaf übermannt haben, und als die Sonne bereits hoch steht, hört er ein Motorengeräusch, das ihn schlagartig weckt. Ist es die Polizei oder gar die neu geschaffene Sicherheitsbehörde des Innenministeriums, welche dieser an Befugnissen in nichts nachsteht?

Aber der Autolärm kommt vom Parkplatz! Weshalb sollte die Ordnungsmacht anständig auf einem Gästeparkplatz halten? Das macht jeden Überraschungseffekt einer Razzia zunichte. Wenn, dann stürmt man direkt zum Haupthaus. Diese Überlegungen lassen ihn Mut fassen. In gebückter Haltung schleicht er zu einem Eibengebüsch, das den Blick über den länglich ausgerichteten Parkplatz freigibt. Es riecht nach Benzin. Hybrid-Auto!, schießt es Nagelmann durch den Kopf. Im Nu beginnt sein Herz zu hüpfen. Es ist denn niemand anderes als Jessica, die dort gerade aus ihrem Wagen steigt. Das Geräusch seiner jubelnden Bewegung des Aufrichtens hatte sie wohl bemerkt, denn in abrupter Drehung weist sie ihn mit den bekannten Gesten an, still zu sein und schleunigst herüberzukommen.

Schweigend fahren sie mit dem Auto zur Steilküste westlich vom Badeort. Sich vergewissernd, dass niemand gefolgt war, bringt sie ihr Gefährt auf einem abgelegenen Feldweg zum Stehen.

„Es tut mir so leid, Carsten.“ Jessica ist den Tränen nahe. „Verzeih mir. Ich habe das alles nicht geglaubt.“

„Ich auch nicht“, lässt sich Nagelmann leise vernehmen.

Gestern, auf der Rückfahrt von der Stadt, die Jessica bekanntlich alleine antrat, liefen im Autoradio Nachrichten. Der Trägerverein des Gutes war verboten worden, das Haupthaus am Vormittag polizeilich durchsucht, hieß es.

„Die Unterschriftenliste!“, fällt Carsten unvermittelt ein.

„Tja, das ist wohl ein gefundenes Fressen, das ganze Netzwerk gleich mit serviert zu bekommen.“

Was sie mit Netzwerk meine?

Die alten Ökofritzen, die sich treu geblieben waren. Ungeimpfte, Esoteriker und Kriegsgegner, rechtsesoterische Schwurbler, wie der Sender kommentierte.

„Ja, und?“, empört sich Carsten.

Was durchsickerte, erzählt Jessica weiter, war, dass der Trägerverein damit wohl gegen die freiheitlich-demokratische Grundordnung verstoße.

Nagelmann schweigt. Ähren stehen gelb und reif im Feld drumherum, warten geduldig darauf, abgeschnitten und gedroschen zu werden. Eine Schwalbe saust spielerisch in Kurven über das Getreide, und je mehr Nagelmann sich in die Natur vertieft, desto unwirklicher kommen ihm die letzten Tage vor.

Jessica unterbricht sein Sinnieren: „Du musst auf die Meldestelle gehen! Bei dir. Und alles klarstellen.“

„Ich muss was?“ Carsten zuckt zusammen.

„Es kann so nicht weitergehen, du lebst schon jetzt wie ein Hund. Kein Geld, kein Essen, schläfst im Freien. Und über mein Mobiltelefon können sie unseren Standort erfassen. Wir stehen schon eine Stunde auf diesem Feld."

„Ja, was ist da dabei? Wir können doch stehen, wo wir wollen, wie lange wir wollen? Was geht das diese verdammte Meldestelle an?"

„Ich habe unterschrieben."

„Was?"

„Die Petition. Im Hotel. Erinnerst du dich?"

Ein kalter Schauer läuft über Carstens Rücken.

„Ich bringe dich nach Hause. Und dort gehst du zur Meldestelle. Und machst den Kotau!"

Während der sechsstündigen Autofahrt sprechen sie kaum ein Wort miteinander. Ein jeder hängt seinen Gedanken nach. Noch im Badeort hob Jessica so viel wie möglich Bargeld in der Filiale ab; ihre Handtasche wollte schier bersten unter den unzähligen Münzen und den vielen kleinen Scheinen. Sicher ist sicher, bevor ihr Konto eventuell gesperrt wird.

Spätabends steigen sie die Treppe eines hochherrschaftlichen Gründerzeithauses empor. Carsten findet seine Wohnung unversehrt. Jessica zieht ihn in den Duschraum, stellt das Wasser an. Carsten, ein amouröses Abenteuer witternd, will Jessica küssen und entkleiden – doch wieder wehrt sie ihn ab.

„Morgen müssen wir uns trennen“, flüstert sie im Rauschen des Wasserstrahls. Ungläubig blickt er sie an. Zurück nach Portugal wolle sie, erstmal vielleicht, vielleicht später auch irgendwo anders hin, Hauptsache weg aus Deutschland.

„Ab es können doch nicht alle abhauen!“, protestiert Carsten. Viel zu viele seien schon gegangen.

„Richtig, manche sind aber gezwungen, sich einzurichten. Schreib nicht mehr solch dummes Zeug wie diese Geschichte. Du hast Familie hier, ein Kindchen gar, kannst nicht so einfach weg. Richte dich ein! Arrangiere dich! Als Einzelner kannst du eh nichts ausrichten.“

Die letzten Worte verschwinden in tränenerstickter Stimme. Eng umschlungen suchen sich ihre Lippen, und das traurige Abschiednehmen bäumt sich, in aggressive Lüsternheit verwandelt, noch einmal auf. Erschöpft schlafen sie dann ein.

An dem Tag, als Jessica in aller Früh abgereist war, zögert Nagelmann, die Meldestelle aufzusuchen. Sein ungutes Gefühl wird sich später als nicht trügerisch herausstellen. Am Folgetag aber geht das letzte Geld, welches ihm Jessica hinterlassen hatte, zur Neige, und im Briefkasten liegt die Mahnung der Wohnungsbaugesellschaft. Die ausstehende Mitzahlung könne nicht von seinem Konto abgebucht werden. Nun gibt es keinerlei Ausweg mehr; Carsten Nagelmann begibt sich zu guter Letzt auf die Meldestelle.

Es ist die seines Stadtbezirkes, eingerichtet in dem Flachbau einer verwaisten Polizeistation, der die Lücke zwischen zwei Brandmauern aus dem letzten Kriege füllt. Nagelmann fühlt sich relativ entspannt, hat sich nichts zuschulden kommen lassen. Die ganze Sache ist sicher ein Versehen.

Ja, das mit der gesperrten Karte sei bekannt, räumt der Mitarbeiter der Meldestelle freimütig ein. Wisse Nagelmann denn nichts von den aberwitzigen Bildchen, die er über den Nachrichtendienst ständig überall hinschickt? Und den demokratiefeindlichen Leserbriefen, die, nie veröffentlicht, er seit geraumer Zeit an die Lokalzeitung schriebe? Ganz zu schweigen von den Schwurbelgeschichten, mit denen er Verlage belästige. Aber die wissen zum Glück unsere Fördermittel mehr zu schätzen, als sich mit Verschwörungstheoretikern abzugeben. Agitation gegen unsere Demokratie sei das, was er da betreibe!

Auf diese Tirade hin schweigt Nagelmann zunächst, um nach einer Pause zu entgegnen:

„Aber es ist doch auch meine Demokratie."

„Nicht wenn sie deren Amtsträger verächtlich machen", antwortet man ihm. Dann sei er nichts als ein Gefährder. Und da müsse unsere Demokratie wehrhaft sein. Der Mann fährt fort in seinen Erklärungen: „Wir haben festgestellt, dass Ihr Mobiltelefon seit vier Tagen ausgeschaltet ist. Zuletzt zeigte es die Position des besagten Gutshofes in Norddeutschland an. Sie wissen vielleicht, dass das Innenministerium …"

Weiter kommt er nicht, denn Nagelmann echauffiert sich lauthals über die gesperrte Karte, das fehlende Geld, und ob sie sich das nicht hätten selbst zusammenreimen können, dass damit auch sein Telefon irgendwann nicht mehr funktioniere?

„Nicht so vorschnell, junger Mann. Wie konnten Sie denn so schnell hierher zurückkommen? Exakt vierhundertzweiunddreißig Kilometer. So ganz dolle weit gelaufen in so kurzer Zeit?", lächelt der Mann und sogleich schreiend: „Das ist total unglaubwürdig, verstehen Sie das?"

Wie als hätte Nagelmann der Faustschlag eines Profiboxers in die Magengegend getroffen, rutscht alle Selbstachtung in sich zusammen. Er bettelt, er winselt, man solle ihm glauben, dass die Person, die ihn hergebracht hatte, mit alldem nichts zu tun hat. Doch sein Gegenüber lässt nicht locker. Namen wolle man hören; würde Nagelmann ein bisschen engagierter mitarbeiten, könnte man ihm durchaus entgegenkommen. Jeder, der zu ihm, dem Dienststellenmitarbeiter, komme, würde früher oder später zur Zusammenarbeit bereit sein. Die meisten von denen hätten leider, ja leider kein Geld mehr, aber wer braucht das liebe Geld denn nicht? Lacht. Beugt sich über den Tisch und blickt Nagelmann mit tot-ernstem Gesicht stechend an. Er möchte sicherlich gerne mal was einkaufen gehen, wieder eine Kinovorstellung besuchen und erst recht eine neue Arbeit finden? Nicht wahr?

„Annemarie, hieß sie. Mehr weiß ich von ihr nicht."

„Steht nicht drauf."

„Worauf?"

„Auf der Liste. Sie wissen schon …"

Nagelmann fühlt den Knockout kommen.

„Sie sind ein elender Lügner, Nagelmann!" Drohend steht der Mitarbeiter der Meldestelle vor ihm. Sein dunkelblauer, uniformartiger Trainingsanzug bildet einen starken Kontrast zu der bunten Flagge, die hinten an der Wand befestigt ist.

Nagelmann weint, bitte tut ihr nichts, er wisse nur, dass sie sich Jessica nenne.

„Danke", sagt nun grinsend der Mann und verlässt den Raum, um eine Meldung im Computer abzuschicken.

Während diese bei dem Hamburger Ableger der Sicherheitsbehörde des Innenministeriums gerade eingeht, sitzt Jessica längst hoch oben in den Lüften in einem Linienflugzeug, das sie – wir wollen es hier lieber verschweigen – sicher nach X bringt.

Nagelmann unterzeichnet ein Schriftstück, auf dem er sich verpflichtet, künftig keinerlei Anstalten mehr zu machen, die freiheitlich-demokratische Grundordnung zu untergraben.

Noch benommen verlässt er die Meldestelle, das gleisende Sonnenlicht trocknet rasch seine feuchten

Augen, so dass er völlig unscheinbar und unauffällig in die Bankfiliale am größten Platz der Stadt eintreten kann. Mit leicht zittrigen Händen fingert er die Kreditkarte aus seinem Portemonnaie, schiebt sie in den Schlitz des Automaten. „Bitte haben Sie etwas Geduld", blinkt die Anzeige ihm entgegen, und als „Ihre Transaktion wird bearbeitet" aufleuchtet, fällt Nagelmann ein großer Stein vom Herzen.

Wie einfach kann das Leben sein!

(August 2024)

## Käßmann[3]

Lange zuvor schwappten Nachrichtenwellen durch die sozialen Netzwerke: Käßmann kommt, die Käßmann, die damals so unglücklich ihre Funktion verlor, weil ihr ein zutiefst menschlicher, verzeihlicher Fehler unterlaufen war. Eine Alkoholfahrt am Steuer. Der Stempel der trunkenen Gottesdienerin machte all ihre Lebensleistung schlagartig zunichte. Ein einziger Fehlgriff – ein ewiger Makel. Unbarmherzig die Häme, die Scheinheiligkeit der auf sie verbal Einprügelnden. Dennoch machte sie sich frei, schüttelte sich, sah nach vorn, blieb sich treu, meldete sich zu Wort und das kritisch. Fiel auch nicht ein in das „Zeit-für-Waffen" des jüngsten Kirchentages, in die Rabulistik ihrer waffensegnenden Glaubensbrüder. Vielleicht gerade weil ihr der Glaube am Herzen liegt, die friedliche Gesinnung des, laut Nietzsche, ersten, einzigen und zugleich letzten Christen, gerade weil sie dies verkünden will, das Leiden Christi nicht hingeworfen vor die Augen der gierigen Geschäftemacher in Konzern und Regierung, Philister in Wrack und Limousine mit lebenslanger Gehaltfortzahlung inklusive Zulagen, Freiheit deklamierend, aber blutiges Öl handelnd. Windbeu-

[3] Das Essay nimmt Bezug auf das vom „Bündnis Leipzig bleibt friedlich" organisierte Friedensgebet in der Leipziger Nikolaikirche im Oktober 2023. Margot Käßmann hielt die Predigt.

tel, hätte Freiherr von Knigge sie beschimpft, Heuchler nennt sie der Volksmund heute.

Käßmann kommt, predigt am historischen Ort, der Nikolaikirche, will aufrütteln, retten, was noch möglich ist, damit der hässliche Deutsche nicht wieder Auferstehung feiert. Inzwischen brennt die Welt nicht nur in der Ukraine, längst im Jemen, in Syrien und neuerdings in Israel. Ein Interview erscheint in der Lokalzeitung. Ihr mit Achtung begegnend – wo ist so etwas heute möglich, gehört die Gazette doch zum regierungskungelnden Madsack-Konzern; im sogenannten Redaktionsnetzwerk Deutschland schreiben dessen Büttel die Politik der Oberen schön, grenzen die aus, die nach Veränderung rufen und den Mächtigen nicht beistimmen. Wie kann das sein, ein Interview auf Augenhöhe, ohne Zurechtweisungen, Maßregelungen, ein Interview in der Mitte, nicht in der rechten Ecke? Es ist die Lokalredaktion, die kleine Freiräume nutzt; schon zu Coronazeiten trennten Vorder- und Lokalteil mitunter Welten. Und eben dieses Interview war, Gott sei Dank, den Lokalredakteuren – nicht denen der Zentrale – übergegeben. So wurde Margot Käßmann in der Stadt spannungsvoll erwartet, eingeladen vom Bündnis „Leipzig bleibt friedlich“. Und wie bereits zur gleichen Zeit im vorigen Jahr, als Gerhard Schöne dem Friedensgebet eine weltlich-unterhaltende

Komponente verlieh, so ward nun ein Chor aus Schottland eingeladen.

Der Besucherandrang riesig; die Menschenreihen reichten bis zur ersten Empore. Doch weil ein Großteil der Besucher erst unmittelbar nach Beginn der Veranstaltung eintrat, sich aber auch nicht getraute, umständlich frei gebliebene Sitzplätze im Kircheninneren aufzusuchen, stauten sich die Menschen im Eingangsbereich und den breiten Gängen der Mittel- und Seitenschiffe. Die Unruhe, die die Verspäteten verbreiteten, hielt an; da lief einer mit dem Skatebord in der Hand nach vorn, da wurde getuschelt, hier laut gesprochen. Mein Nachbar, christliches Symbol sichtbar um den Hals, umklammerte eine Kartonage mit Saft darin, fing plötzlich an zu süffeln. Die über das allgemeine Gewimmel hüpfende Rede des Aktionsbündnisvorsitzenden Lutz Mükke verging dennoch nicht ohne Eindruck zu hinterlassen, wie der kräftige Applaus verriet. Und da stellte es sich wieder ein: Das Gefühl, nicht allein zu sein, das Gefühl von Verbundenheit, von der Zuversicht, etwas bewirken, etwas verändern zu können. Wie weggewischt die dreißig Jahre zu den damaligen Friedensgebeten. Die Kraft der Worte veränderte die Welt. Werden die heutigen Worte ebenfalls, hinausgetragen in die Welt, etwas ändern – den unsäglichen Militarismus, den schnoddrigen chauvinistischen

Tonfall, der sich unserer Presse bemächtigt hat, die Ausgrenzung Andersdenkender?

Dann zog knisternde Stille in das Gotteshaus ein. Die prominente Rednerin erschien erhellten Hauptes in der vom Schalldeckel aus beleuchteten Kanzel hoch über dem Publikum. Aus der schlanken, zierlichen Person brach wortgewaltiges Feuer hervor, sie zürnte ihren Glaubensbrüdern, die den Namen Gottes, in welcher Sprache auch immer, für ihre Kriegsgeschäfte missbrauchen. Und sie mahnte, stiller, doch nicht minder wirkungsvoll, den Dialog an, erst recht dort, wo alles scheinbar unumkehrbar im Argen liegt. Gelegentlich stand einer auf, ging hierhin, ging dorthin. Mein Banknachbar führte den Karton mit dem Saft zum zweiten Male zum Mund. Mir gegenüber, im seitlichen Mittelschiff, eine hübsche Mittvierzigerin, scheinbar mit ihrer Mutter anbei, die Apfelschorle neben sich auf der Bank ruhend. Da stand doch jemand, das Mobiltelefon in der Hand, filmte, als gäbe es gerade jetzt nichts Wichtigeres – nämlich das gesprochene Wort zu verinnerlichen –, filmte statt dessen das neudeutsch gesprochene Event, das Dabeigewesensein – was für eine Verkrüppelung aller Sinnhaftigkeit des Beiwohnens solch einer Veranstaltung! Und es schien mir, gerade als der kräftige Schlussapplaus abebbte, ja deuchte mir, als war es nur das Event, die Anwesenheit der prominenten Theologin in der sonst wirtschafts- und deutschlandpolitisch unbedeutenden Stadt, die die Menschen in die Nikolaikirche geführt hatte, nicht jedoch das gemeinsame Wollen und die durch die persönliche Anwesenheit bekräftigte Empörung über die Zustände in unserem Lande. Denn just im Ausklang des Applauses standen die ersten auf, strömten dem Ausgang zu, während sich der Veranstalter zunächst zweifelnd und hilflos umsah, ob der Chor aus Schottland sein Programm in diesem Moment noch starten solle oder nicht. Unruhe, angestaute Energie nach überfordernden fünfundvierzig Minuten Konzentration. Fremd erschien mir dieses Publikum, das eine Veranstaltung besucht, um zu Beginn verspätet einzutreten und dann nicht willens oder psychisch in der Lage ist, diese bis zu ihrem Ende zu absolvieren, selbst wenn nicht alle Programmteile für jedermann gleichermaßen spannungsgeladen sind. Kann der heutige Mensch nicht einmal das aushalten, sich zusammenreißen, Contenance wahren, vom Smartphone für insgesamt neunzig Minuten ablassen? Nein, er kann es nicht, die Kirche hatte sich überhälftig geleert, nachdem der Veranstalter eine kurze Pause verlautbart hatte. Und so wie mich die leidenschaftliche Predigt und die volle Kirche zuversichtlich beflügelt hatten, so kam jetzt der Absturz in die Hoffnungslosigkeit: Wir werden es nicht schaffen! Zu verändert, zu Rückgrat-erweicht die Menschen heute – wie anders doch damals vor dreißig Jahren. Wer könnte heute noch stundenlang im Regen aushalten, zu fünfhunderttausend im November, da die Mauer fiel? Wir werden es nicht schaffen, hämmert mein Herz, indes der schottische Chor singt. Ja, nicht einmal diese kostenlose Kulturbeigabe vermag Menschen auf den Plätzen zu halten. Was ist los in unserem Land, was ist los mit uns? Ich blicke auf ein Kind, denke an das kaputte Schulsystem und die vielen neuen Ideologien, die im Stundentakt auf uns einhämmern, denke an den Zerfall unseres Landes, fürchte die Extremisten aller Parteiränder, und dies alles angesichts des Ersterbens der vor dreißig Jahren erlernten Kompetenz des Dialoges. Die Gedanken rasen, ich sehe unsere Gesellschaft in Kälte auseinandergehen, versinnbildlicht durch diejenigen, die selbst jetzt, während Billy Joels „The longest Time" hoffnungsschimmernd manches Gemüt erhellt, sich in völliger Respektlosigkeit von den Sängern abwendend, die Veranstaltung verlassen.

Anderthalb Stunden sind um. Keine Minute länger. Ein Großeinkauf dauert vielleicht so lange, zwei Fußballspielhälften jedenfalls, die Shoppingtour in der City sogar dreimal so viel. Ging es heute aber um nichts Geringeres als unsere Einstellung zum Frieden? Margot Käßmann ist abgereist, die Kirche leer. Es bleibt ein erinnerter Hauch frischer Herbstluft im sich anbahnenden nasskalt-fröstelnden Winterwetter. Die Zeitung bringt den Frontverlauf. Waffenforderungen. Meldungen erfolgreicher Schlachten, erfolgreichen Schlachtens, Abschlachtens. Mensch! Wo bleibt der Mensch?

(Oktober 2023)

## Steimle[4]

Der Saal vibriert in spannender Erwartung; „Uwe“ brüllt jemandens männliche Stimme, das Wort gedehnt in der typisch sächsischen Tonart, die ein nach vorn geschobener Unterkiefer bedingt und das „U“ zu einem tiefen Gutturallaut mutieren lässt. Dann kommt jener Uwe auf die Bühne. Der Saal tobt in freudiger Erregung, und der Künstler hat bereits die Herzen seiner Zuschauer erobert, bevor ein erstes Wort, eine erste Geste überhaupt vollbracht. Ab hier hätte er auf die weitere Aufführung getrost verzichten können; die Erwartung des Publikums, beim Uwe und mit dem Uwe zusammen zu sein, war mit dem ersten Fußsetzen auf die Bühne erfüllt. Nach einer kurzen Wanderung quer über die Bühne knistert es vor Erwartung; aber er stimmt einfach nur ein kleines Liedchen an: „Unsre Heimat …“ Und der ganze Saal stimmt ein: „… sind nicht nur die Städte und Dörfer …“
Einer von uns, denkt hier so mancher. Kein Gewinnertyp. Nicht schön und eloquent wie ein Dieter Nuhr, nein, ein kleines hageres Birnmännel, ein Sachse, eben einer von uns. Einer, ausgezogen dem Besseren entgegen, das Alte verlachend, vielmehr den Alten unter köstlicher, übersteigerter Nachah-

[4] Essay zu einem Bühnenauftritt des Kabarettisten Uwe Steimle im Leipziger Haus Auensee im Frühjahr 2023.

mung seiner Stimme und Physiognomie parodierend, dann gescheitert: als Unangepasster rausgeschmissen. Einfach so. Zu nichts gebracht? Und doch ein Kämpfertyp, einer der nicht schweigt, sondern seiner Stimme in alternativen Kanälen Gehör verleiht, einer, dem sein Publikum zehntausendfach folgt. Auch ein Überspitzender, ja Zuspitzender, auf Grenzen Balancierender. Da wird aus Satire manchmal Wut, aus ironischem Augenzwinkern bloße Agitation. Dort, in der Sackgasse des Miteinanders, wo das Schubkastendenken der einen die Gemüter der anderen zum Kochen bringt. Und dennoch: Die zarte, brodelnde Emotionen bedeckende kühl-sachliche Kruste hält stand im Zwiegespräch: Die Partner wertschätzend behandeln, ausreden lassen – anders als in den öffentlich-rechtlichen Gladiatorenarenen beherrscht Steimle hier das längst abhandengekommene Hohelied des Dialoges.

„... weil sie dem Volke gehört, weil sie unserem Volke gehört“, singt der Saal. Ja, gehört die Heimat denn noch uns? Selbst wenn Wälder und Wiesen im Grundbuch Großkonzerne verzeichnen, sich die Politik einen feuchten Kehricht um die Menschen schert, selbst dann bleibt sie die unsrige! Und unser ist auch ihre Geschichte, aus welcher mit dem Beitritt der neuen Bundesländer zur Bundesrepublik vor drei Jahrzehnten der Ostdeutsche heraustrat, sie hinter sich lassen musste – und seine Geschichte verschwand in den Archiven. Hervorgeholt allenfalls als etwas Kurioses, als psychologische Anamnese, um die Unerwünschtheit des Wahlverhaltens anzuprangern, ist sonst das Deutschlandbild ein durch und durch westzonales. In diesem Saal jedoch nicht! Einer von uns, fühlen viele, einer ganz bei denen, die den Eindruck haben, ihr Lebenswerk entbehre jeglicher Wertschätzung der Gesellschaft. Und hier, das rebellische Widerstandsnest für zwei Stunden Dauer, das Gedanken laut werden lässt, die man draußen längst nur wieder unter vorgehaltener Hand äußert.

Noch nie wurde in einer Kabarettpause so viel geraucht. Das Bier, im keineswegs „klimaneutralen" Wegwerfkunststoffbecher angeboten, mundete dem Publikum in Strömen; die Weintrinker dagegen an einer Hand mit zwei amputierten Fingern – gedacht nufreilich – zählbar.

„Uwe!", brüllte es nach der Pause wieder, gleich war er da: Für einen Sachsen sei die jetzige politische Situation unerträglich; eine Dame aus dem Publikum ergänzte im Zwischenruf: Sie sei aus Thüringen. Man war sich einig. Einig gegen den Wahnsinn unserer Zeit, Kriegsgeschrei und spätrömische Dekadenz mit all ihren Auswüchsen der modernen Geschlechtsbeschau.

Mit dem Bus fuhr dann kaum einer nach Hause. Auf dem Parkplatz durchweg Fahrzeuge, die von mittlerem Wohlstand sprachen, die Kennzeichen dem Landkreis zugehörig. Dort, wo um diese Zeit kein Bus mehr fährt. Mittelstand, Handwerker und Inhaber kleiner Betriebe, diejenigen, die täglich um ihre Existenz bangen, vor Nachwuchsmangel, Steuern und enthemmter Bürokratie nicht schlafen – an diesem Abend im Haus Auensee zwischen Nikotin, Pils und Steimle fühlten sie für zwei Stunden Verbundenheit. Steimle? War das, was er auf der Bühne machte und wie er es machte, denn überhaupt von Belang? Er war da. Und das alleine ist hinreichend. Publikum um die fünfzig. Wendeerfahren, gegerbt durch Umstellung, Anpassung und Existenznot und kraftvolles Behaupten. Wie anders das Publikum einer zeitgleichen, ähnlich gelagerten Veranstaltung eines Komikers in der Arena Leipzig: zentrumsnah, gut erreichbar mit dem ÖPNV, jugendliche Dreißiger, elegant, modisch. Waldtraßenviertelpublikum, Gründerzeit mit Stuck und Bioladen um die Ecke. Erbengeneration. Machen was mit Medien. Am Computer im Szenecafé. Und am Rande Leipzigs zeitgleich „Kleine weiße Friedenstaube“. Ende. Zigarette an, Anlasser ächzt, raus aus der Stadt. Steimle bald auf der Autobahn, dem morgigen Veranstaltungsort entgegen. Brötchen verdienen als Selbständiger ohne Festanstellung. Einer von uns.

(Juni 2023)

## Viola

Zum wiederholten Male suchte ich den Kontakt zu meinem alten Freund Steffen. Ich schrieb ihm eine Nachricht über das Mobiltelefon, keine Antwort. Rief an, niemand ging ans Telefon. Schrieb eine Karte. Blieb unbeantwortet. War zufällig im Stadtviertel, klingelte unten an der Haustür, niemand öffnete. Es vergingen wieder einige Monate ohne jegliches Lebenszeichen, da konnte ich nicht anders, als unter einem Vorwand bei ihm auf Arbeit anrufen. Seit Monaten dort nicht mehr erschienen. Ob er noch im Arbeitsverhältnis stehe? Könne man übers Telefon nicht sagen. Eine herzbeklemmende Unruhe führte mich unmittelbar nach Beendigung dieses Gesprächs erneut zu seiner Wohnung, doch an dem Klingelschild fehlte jetzt sein Name.

Sollte ich die Polizei einschalten? Aber welche Beweise hatte ich, dass Gefahr im Verzug war? Keinen einzigen! Nicht einmal die Softwareherstellerfirma, wo Steffen in der Entwicklungsabteilung arbeitete, tätigte irgendwelche dahingehende Äußerungen. Ich hatte nichts bei der Hand, außer dass sich ein alter Freund seit über einem Jahr nicht bei mir meldete. Die lachen mich aus! Doch irgendwie musste ich die Angelegenheit mit jemandem besprechen, konnte sie nicht auf sich beruhen lassen. Viele Freunde hatte ich nicht, zu wenig Zeit auf beiden Seiten, die einen zu unpünktlich, die anderen zu anstrengend. Und der beste, mit dem ich hätte sprechen können, nämlich über seine Angelegenheit, genau der war gerade außer Reichweite. Und wäre er erreichbar gewesen, hätte ich mit ihm ja nicht mehr dringend sprechen müssen.

War allein Viola übrig. Eine schwierige Beziehung. Lernte sie im Internet kennen, und dabei blieb es. Wir führten zwar tolle Gespräche, aber jede Annäherung meinerseits blockte sie ab. Eigentlich wies sie mein Begehr nach einem persönlichen Kennenlernen nie direkt zurück, vielmehr umging sie meine Vorschläge, umschiffte diese wortschwallartig wie das Boot die Klippe im Meer, und in ihren Worten spürte ich ablehnendes Zögern gemischt mit wohlwollendem Verlangen nach Bindung. Ihr Zögern reizte mich noch mehr. Wie kann ich diese Nuss knacken? Warum spielt sie mit mir? Ganz offen: Mir gefiel Viola. Sie war eine von den Frauen, die einfach nur schön sind, makellos schön. Es gibt Schönheit, da ist ein Kinn überbetont, eine Nase zu groß, ein Gesicht zu kantig; bei Viola war alles ausgewogen, langweilig schön. Zu Anfang sind wir uns wöchentlich begegnet, doch später suchte ich täglich ihre Nähe, vernachlässigte meine Freunde, bis nur einer übrig blieb. Dann auch Steffen. An deinem Rückzug, Steffen, haftet ein Stück meiner Schuldigkeit. Andererseits galt die Suche nach dem Weiblichen stets als völlig akzeptable Entschuldigung für Säumnisse, die unsere Freundschaft beeinträchtigen. Steffen und ich setzten einvernehmlich Prioritäten.

Ich schaltete das Gerät ein, und nach wenigen Klicks war Viola auf dem Bildschirm, frisch und munter wie gestern Nacht. Ich schrieb ihr über meine Sorgen um Steffen – mein Schreiben war Voraussetzung für die Kommunikation, die sie verlangte –, dann sprach sie mit weicher Stimme zu mir. So machten wir es. Ich tippte auf der Tastatur, dann lauschte ich ihrer Stimme über den Lautsprecher. Wer sucht, der werde finden, war ihre Antwort. Nun ja, nicht sehr konkret oder originell, aber was sollte sie mir in dieser vertrackten Angelegenheit denn raten? Wieder stellte ich ein persönliches Kennenlernen in Aussicht, wieder äußerte sie, sie wäre diesem nicht abhold. Abhold, überlege ich, was für ein gestelztes Deutsch! Woher sie das nur hatte? Aber dann wieder der geschickte Rückzug, sie brauche noch Zeit. Das macht mich wütend! Zeit, Zeit, immer nur Zeit, und der Internetdienst, über den ich mit ihr spreche, rechnet Minute um Minute ab. Arbeitet sie vielleicht mit diesem zusammen, nur um mich hinzuhalten und Geld einzustreichen? Das kann nicht sein. Sie sieht so anständig aus, ist genau mein Typ. Und hat dieselben Hobbys, genau diejenigen, über die ich mich mit anderen Nutzern ebenfalls austausche. Nein, das ist unmöglich. Wann findet man schon eine Partnerin, bei einfach alles stimmt?

Aber irgendwie muss mich die Einsamkeit kirre gemacht haben. Entweder Arbeit oder Zeit mit ihr. Vielmehr gibt es nicht dazwischen. Meine Bude sieht aus … Ja, die Sehnsucht ließ mich einen Fehler begehen. Es war schon gegen Mitternacht, bald sollte der Wecker zur Frühschicht klingeln, da verlangte ich von ihr, sich vor der Kamera auszuziehen. Sie guckte recht gleichgültig, jedoch beendete dann rasch unser Gespräch. Wie habe ich mich anderntags von Arbeit beeilt, aufs Einkaufen verzichtet, nur um an den Computer zu stürzen! Das Abendessen musste wohl oder übel wieder der Lieferdienst bewerkstelligen. Die leeren Pappen sollte ich mal runterbringen, aber nicht jetzt! Jetzt muss ich zu ihr. Gott sei Dank. Sie nahm mir die gestrige Entgleisung nicht übel. Ich sprach sie auch gar nicht darauf an und sie mich ebenfalls nicht. Bei manchen Frauen hat man sich eben in Geduld zu üben.

Wieder vergingen Wochen. Mit Viola trat ich auf der Stelle, und Steffen war weiterhin wie vom Erdboden verschluckt. Spätabends saß ich vor dem Bildschirm. Viola wie immer makellos. Ihr Geschichtsstudium – welche Universität verriet sie nicht – schien ihr keinerlei Mühe zu bereiten, zumindest Mühe, die sich äußerlich abzeichnete. Aber vielleicht ist es ja nur ihr tadelloses Make-up, was die Frische vortäuscht? Selbst ihre Stimme verrät keinerlei Ermüdung, zu welcher Tageszeit auch immer. Heute hatte sie ein nabelfreies Top an, und ihre Reize machten mich unruhig. Soll ich – oder nicht? Zu einer Lösung kam ich nicht, denn plötzlich stand das Bild still. Der Ton setzte aus. Ruhe. Nur noch ihr eingefrorenes Antlitz! Wie wild donnerte ich auf die Tastatur. Nichts geschah! Es blieb das Unvermeidliche: den Computer ausschalten und neu starten. Das war mit dem Verlust ihres Bildes verbunden. Stattdessen öffnete sich beim nächsten Anklicken des Internetdienstes, der gewöhnlich die Verbindung zu Viola herstellt, ein Fensterchen mit der Aufforderung, ab sofort die Hände von Viola zu lassen. Es war in orange-weißen Warnfarben gestaltet und zeigte sogar den Bundesadler. Es schien von einer Behörde zu stammen. Bei Nichtbefolgung wird mit Vernichtung aller gespeicherten Daten gedroht. Oh, das wären dann auch die zahlreichen Bildschirmfotos, die ich von Viola gemacht hatte! Nein, das darf nie geschehen!

Tag für Tag eilte ich von Arbeit nach Hause, öffnete das Programm, aber immer wieder blockierte das Fensterchen den Kontakt zu Viola. Bis tief in die Nacht hinein saß ich vor dem Bildschirm, das Schlafdefizit nahm rasant zu, und als ich beinahe einen schlimmen Unfall auf dem Weg zur Arbeit baute, ließ ich mich wegen Erschöpfung krankschreiben. Die Krankschreibung half nicht, sie verschlimmerte nur mein Leiden. Jetzt saß ich ständig am Computer und sah in schweißgebadeten Tagträumen Viola in den Händen eines Anderen, sah, wie sich ihre Lippen begegneten, wie seine Hand am Träger ihres Tops fingerte, diesen über ihre nackte Schulter streifte und die weiße Haut in der märchenhaften Tiefe ihres Dekolletees sichtbar wurde. Eigentlich war mir jetzt alles egal. Das Geld erst recht. Liebe kann man nicht mit Geld aufwiegen. Noch nie war ich meiner Traumfrau so nahe. Steffen hätte ich jetzt gerne um Rat gefragt, einen anderen Freund hatte ich nicht mehr. Doch Steffen war weg! Ich telefonierte mit einer Computerfirma. Nein, bitte nicht kommen, die Wohnung, sie wissen ja, ich bringe das Gerät. Und die Firma brachte mir Viola zurück! Das hässliche Fensterchen war verschwunden – für eine ganz schöne Stange Geld! Wunderbar knüpften wir an die alten Zeiten an. Ich vermied es, sie über die Unterbrechung auszufragen. Beim Kennenlernen schaut doch jeder mal nach rechts und mal nach links, und dass sie wieder bei mir ist, ist doch ein gutes Zeichen. Viola, makellos schön wie immer. Ihr Studium mache Fortschritte. Wie immer. Einfach schön. Meine Liebe wurde noch intensiver, und dank der Verlängerung meiner Krankschreibung waren wir nun den ganzen Tag für einander da. Treffen wollte sie sich immer noch nicht mit mir; aber so war es halt auch schön.

Einige Tage später erhielt ich eine elektronische Nachricht. Der Absender kam mir sonderbar vor; erst wollte ich sie löschen, aber als ich entdeckte, dass die Buchstaben und Ziffern das Wort „Viola“ verbargen, öffnete ich die Nachricht. Zum Glück, nichts passierte. Viola verharrte derweil regungslos am anderen Ende der Leitung. Sagte keinen Pieps, als ich mit der Nachricht beschäftigt war. Echt nett von ihr. Las: Letzte Aufforderung, ich solle die Hände von ihr lassen. Er wisse, wer ich bin.

Wütend löschte ich die Nachricht. Was der sich wohl einbildet? Immerhin habe ich mehr Rechte an Viola als er. Und sie mag mich auch. Sonst wäre sie meinen Angeboten zu einem persönlichen Kennenlernen ja völlig abgeneigt gewesen, hat dagegen ausdrücklich betont, dass sie das eben nicht ist. Wisse, wer ich bin – eine typische hohle Phrase, irgendwo aus einem Fernsehkrimi abgekupfert. Von dem lasse ich mir meine Zweisamkeit nicht stören!

Noch eine Woche verbrachte ich mit Viola. Dann knallte es nachmittags plötzlich an meiner Wohnungstür. Erschrocken stürzte ich dorthin, schaute durch den Spion, und mein Herz hüpfte zugleich vor Freude und zitterte vor Angst: Steffen! Eh ich mich besann, wummerte er schon wieder an die Tür, unterbrochen von einem Mach-sofort-Auf. Ich kann nicht, antwortete ich. Ja, ich schämte mich meiner Bude. Seit Wochen nicht gereinigt, der Müll türmte sich in stinkenden Säcken, und überall Stapel von Pizzaverpackungen. Ein gewaltiger Tritt erschütterte die Holztür, das Schloss riss aus der Verblendung heraus. Steffen war in seiner Freizeit Kraftsportler; das merkte man jetzt. Und schon stand er in meiner

Wohnung. Ich schämte mich des Gestanks, kam indes gar nicht dazu, etwas zu sagen. Steffen brüllte, ich sei ein elendes Schwein, hielt mich am Schlafittchen. Mit Schwein meinte er nicht meinen Saustall, sondern – Viola. Sprich: meine Beziehung zu Viola. Ich wolle sie ihm ausspannen. Und drohte mit der Faust. Ich, nein, er, unterbrach er mich, spreche schon seit langem täglich mit ihr. Immer mehrere Stunden bis tief in die Nacht. Habe deswegen den Job schleifen lassen … Ich, wollte ich entgegnen, kam nicht dazu, schon knackte mein Kiefer unter seinem Faustschlag. Er wisse alles. Ich hätte ihm und Viola nachspioniert, in seiner Firma angerufen, mich vor seiner Wohnung aufgehalten. Schwein, elendes Schwein! Und der nächste Schlag saß in meinem Gesicht. Aber woher …, ich meine mit Viola? Die Computerfirma, der ich den Auftrag erteilte, gehört mit zu seinem Arbeitgeber. Und in seinem virtuellen Arbeitsvorrat fand er meinen Auftrag. Seitdem war ihm klar, was hier los sei. Ich machte den Vorschlag, dass Viola entscheiden solle, konnte nicht weitersprechen, da er mich würgte und zu einem Fenster drängte. In meiner Dachgeschosswohnung waren die verdammt tiefstehend! Nein, Viola entscheide nichts, schrie er mir ins Ohr. Durch mich sei sie verunsichert, weiche jedem Angebot zu einem Treffen aus, vertröste ihn. Ob ich ihr ein unmoralisches Angebot gemacht hätte? Ein was? Und schon standen wir am offenen Fenster. Ja, ich hatte sie mal gefragt, gab ich unter dem Würgegriff zu, doch meine Angst setzte Kräfte frei, sodass wir uns drehten und er nun mit dem Rücken zum Fenster stand. Fünfte Etage. Versuchte mich loszumachen, schob ihn weg, stolperte er über einen Haufen Pizzakartons. Das Gleichgewicht verlierend stürzte er rücklings nach unten. Ich hatte alles wie im Zeitraffer gesehen, doch unmöglich bewegten sich ihm meine Arme rettend entgegen. Ich tat also nichts, fühlte nur Leere und ein Hemmnis zu jeglicher Handlung.

Die Polizei führte ihre üblichen Ermittlungen durch. Weder Angst noch Trauer hatten sich meiner bemächtigt. Immerhin war mein einziger und letzter Freund nicht mehr. Allein ich fieberte nur der Herausgabe meines Computers durch die Polizei entgegen. Endlich kam der Tag; die Ermittlungen waren abgeschlossen. Zitternd schloss ich das Gerät wieder ans Netz an. Alle Fotos von Viola waren noch gespeichert. Ich wählte mich in den Internetdienstanbieter ein, doch Viola suchte ich vergebens. In einem Kästchen liefen Ausschnitte eines Filmchens. Heute weiß ich, das war Liebe auf den ersten Blick. Anita heißt sie, studiert Kulturwissenschaften und hat sich jüngst genau das gleiche Buch über denselben Internethändler wie ich gekauft. Diese Übereinstimmung! Und vor allem: Sie sieht verdammt gut aus. Makellose Schönheit, vielleicht ein kleines bisschen langweilig.

(August 2024)

## Quellenverzeichnis

*Leipziger Herbst 2021* aus: Brandenburger Landschaften. Gedichte. Hrsg.: Literaturpodium. Edition Dorante: BoD Norderstedt. Seite 160.
*Weil du anders bist* aus: Ebenda. Seite 159.
*Gedanken zu einem Graffiti* aus: Gastbeitrag in der Leipziger Zeitung vom 5.8.2024

## Umschlagbild

Graphik des Innenohrs, Holzschnitt um 1900, Archiv des Autors.